ホンダ青山ビル
椎名政夫ドローイング（クレヨン）

建築家の自律

椎名政夫　対話と創造

椎名政夫＋椎名政夫の本をつくる会——著

建築ジャーナル

目次

椎名政夫インタビュー
強く、しなやかな建築家像

芦屋と建築の記憶……8
洗足の田園都市に育って……9
戦時下の府立六中時代……10
父のこと……11
母のこと……12
佐野の洋館……13
敗戦をきっかけに建築学科に……14
今井兼次先生……15
卒論と卒業設計……17
村田政真建築設計事務所に就職……18
アメリカ留学のきっかけ……21
クランブルックでの留学生活……23
ニューヨークのSOM……26
ゴードン・バーンシャフトの仕事……29
ニューヨークでの生活とニューヨークの六〇年代初頭文化……30
コンクリン・ロサント建築設計事務所へ……32
帰国して……35

鮎川義介さんのこと……36
再び病に倒れる……40
モルモン教、一連の仕事……40
長田庄一さんとの出会い……41
淡島ホテル計画……44
友人金壽根とコラボレーション……48
二人のクライアント、本田宗一郎氏と藤沢武夫氏……53
立正大学学園計画と日蓮宗……56
彫刻家安田侃……57
東京国際フォーラムとラファエル・ヴィニオリ……60
順天堂醫院……65
個人住宅からコーポレイトビルディングまで……66
私と建築家協会……67
前川國男先生、松田軍平先生と建築家会館バー……69
JIA初代関東甲信越支部長に……69
建築家資格問題と海外調査……70
鬼頭会長の元で副会長に……71
建築家資格制度への提言「建築家の自律」……73

椎名政夫の手法

作品写真
撮影●井上 玄

淡島ホテル……38
洗足の家……42
立正大学学園大崎キャンパス再開発……50
大京町の家……58

論考
文●椎名政夫

「JIA職能」と私……78
建築家資格制度を求めて──十年のながれ……87
クライアントから学ぶ……92
コラボレーション……94

［座談会］
岡 房信＋清水 冨美子＋松家 克＋吉村忠雄……100

年譜
椎名政夫の軌跡とコラボレーション……118
椎名政夫の本棚から……126

著者紹介・発刊にあたって……127

［写真］
カバー｜淡島ホテル
カバー袖｜椎名政夫近影
撮影:井上 玄
P.2｜立正大学学園熊谷図書館
彫刻:関根伸夫
撮影:川澄明男

東京国際フォーラム
彫刻:安田侃
(1996年)
撮影:川澄明男

椎名政夫インタビュー

強く、しなやかな建築家像

芦屋と建築の記憶

私が生まれたのは、世界恐慌の前の年。一九二八（昭和三）年一月二十二日の早生まれです。父が野村証券に勤めており、そのころ転勤した関係で大阪で生まれました。大阪の記憶はありませんが、一九三三年に再度芦屋に転居し、その時はもう幼稚園に入っていたのでその当時の記憶は少しあります。芦屋川沿いのモダンな西洋館の貸家に住んだのが、建築的な最初の記憶です。三軒の貸家が庭を共有し開放的な、東京にはないつくりでした。この芝生の庭で、近所の子どもたちと遊んだ思い出があり、幼稚園は「愛児の園」というキリスト教系の幼稚園。ハンティングをかぶった非常にスマートなおじさんが園長先生でした。芦屋には、小さな動物園まであり楽しいまちでした。子供ながら驚いたのは、芦屋川の下を国鉄が通っておりました。小学校は、新築の山手小学校。真っ白な鉄筋コンクリートでガラス張り。芦屋には二年いましたが、東京に帰って来ると、木造の小学校で正直がっかりしました。五歳から二年間に見た、建築や土木的なものや、山を背景にした特徴のある芦屋の街に住んだことは、記憶となって将来の建築に結びついたのかもしれません。

兄弟は二つずつ違う弟と妹。弟は旧制の一橋大学を経て銀行に入り、役員をしていた時に癌になり五十九歳で亡くなりました。私とは全く業種の違う銀行員になりましたが、高校時代から共に音楽や絵画を愛し、一橋大学ではＹＭＣＡに入っていました。私がアメリカに留学していた時に弟が洗礼を受けるのを心配した母が、あわてて電話をかけてきたことがありましたが、弟は忙しい銀行の仕事の一方で教会の長老まで務めていました。妹は中学校から日本女子大へ進みました。小学校から大学まで妹と同じ学校の友人である山田秋子は、家も近所で、お互いによく家に出入りしていたので自然に私たちはその後結ばれました。

洗足の田園都市に育って

七歳になり東京に戻ってきて、以来ずっと住んでいるのが洗足です。洗足は、澁澤榮一の息子、澁澤秀雄がイギリスのレッチワースまで視察に行ったと言われていますが、日本初の田園都市でした。東横線よりも先に目蒲線が開通しており、関東大震災の後、郊外に住宅を購入する人が出てきて、百五十坪単位の区画で開発され、中には二区画、三百坪を求める人もいました。売り出されたのは一九三〇年。売れ残ったところは空地となっていて、その〝原っぱ〟こそがわれわれの子どもの原風景です。

近所の住人は内務省関係者と軍人や企業関係者が多く、私は公立の赤松小学校へ通いましたが、戦前でも小学校から男の子なら慶應と学習院、女の子なら聖心や雙葉に通わせる家庭が多かったところでした。近所の外国人宣教師が教えている日曜学校にも行っていたのですが、英語で賛美歌を歌わされ、聖心の子どもは英語を習っているからいいけれど、一般の公立小学校に行っていた私は英語ができず、子供ながらコンプレックスとなって日曜学校がすっかりいやになってしまいました。

そんなコミュニティの中に谷口吉郎先生のご一家がありました。私の家の隣に、大林組の専務だった松井清足氏。そのご長女が谷口吉郎先生と結婚して、すぐ北側のブロックに住んでいました。原っぱで野球をしていて、谷口さんの庭に球が入り取りに行くと、初めて見る吹抜けのある家がありました。谷口先生の自邸と、谷口先生設計による隣の松井氏長男宅は、ドイツで流行した白い箱が二つ並んだような家で、アサヒグラフにも載った当時から有名な住宅でした。

私の家は、鉄道省の局長が建てた和風の二階家を父が買ったもの。延床面積は百十坪あり、主玄関と内玄関がついて女中部屋や書生部屋のある家でした。父は、戦前にこの家の建て替えを強く望んでいましたが、やがて戦争が激しくなりそれも叶わぬことになりました。丸善で、イギリス風の家の写真集を何冊も買って勉強していましたが、やがて戦争が激しくなりそれも叶わぬことになりました。

その後に襲ってきたのが一九四五年の空襲でした。洗足では、開発時から丈夫で常緑樹である椎の木が区割の周囲に植えられていました。椎の木は火にも強く、わが家の椎の木に爆弾がひっかかり、家を守ってくれました。ですから、この木は後年私が自宅を建て直す時にも大切に保存しました。

谷口先生のほかにも、洗足には曾根達蔵、西村好時の大先輩の自邸がありました。曾根達蔵の家は敷地が五百坪あり、洋風の赤瓦の家で賑やかな兄弟姉妹とよく遊んだものでした。

丸の内の第一銀行を設計した西村好時の家も立派な家でした。近くには東京工業大学の藤岡洋保教授の家があり坂本一成さんの設計で学会賞を受賞しています。また私の先輩格ではみねぎしやすおさんや宮内嘉久さんも洗足育ち。お二人ともこの辺りの教育ママの羨望の的である府立一中生で、レンガ色のカバン、いわゆる赤カバンを下げて闊歩していました。

戦時下の府立六中時代

母からは、「あなたも赤カバンが下げられるといいわね」と言われていたのですが、私の時代の入試は、内申書で振り分けられ無試験でしたので、府立六中（現東京都立新宿高校）に行くことにな

都立新宿高校（一九六六年）

りました。府立六中や府立四中は、軍人養成色が強く、四年を終えると四分の一の生徒が陸軍士官学校や海軍兵学校に進むような学校でした。

当時、軍事教練は特に厳しかったですが、六中にも良い先生がいて、敗戦まで英語の授業を続けていました。その点は後年になって感謝しています。

戦前は、中学四年と五年の二回、旧制高等学校を受験するチャンスがあったのですが、先生の指導で、五年になっても勤労奉仕ばかりだから、ランクを下げてでも早く高等学校に行きなさいと言われました。そこで早稲田高等学院に行くことになったのだけれど、ここは入学する時から文科、理科だけでなく、理工系の専門が分かれていました。ですから入学時に電気通信科を志望しました。

父のこと

父は椎名幸助。千葉県香取郡多古町の生まれです。成田空港のある三里塚は宮内庁御料牧場があったところで、その北の裏側が多古町です。父の兄は農家でしたが、漢籍などに通じた教養のある家族で、父を千葉師範学校へ通わせてくれました。その後、一九一六年に早稲田の商学部を出た父は、増田貿易という会社に入社したのですが景気悪化のため会社がつぶれてしまい、父の兄が学費を出してくれて一念発起しアメリカへ留学に旅立ちました。

私がアメリカに留学していた時代とは全く違い、父は皿洗いなどの仕事をしながらシカゴにたどり着いたのだそうです。そろそろ移民排斥の時代になって、日本人には働き口がなかったのです。私の場合は、大学卒業をすると引く手あまたでした。私の勤めたＳＯＭは当時一流の設計事務所でしょう。父にとって、アメリカで息子がアメリカ人と同じように建築家として働けるということが、本当に信じられなかったようで、それをまた大変喜んだことは、まちがいありません。

しかし、父はアメリカ社会に対して、戦時中でも空襲中でも信頼感を持っていた。アメリカには必ず負けると言って戦争には反対していました。むしろ私の方が、父の言うことは間違っていて、日本は絶対勝つと真剣になって父と言い争いをしたことが何度もありました。

父は、東洋経済新報社の論客たちと非常に親しくしていて、彼らは、みな反戦論者でした。父の友人らをとおして情報が入ってきていたので、戦争で勝ちそうもないというのは、私にも早い時期にわかっていました。

父は、シカゴ大学を経てニューヨークのコロンビア大学に入り、ジャーナリズムを学んだのです。時代が悪く、戦前に帰国して野村証券に入りました。ちょうどそのころ、証券会社も国際化しはじめた時代だったのだと思います。けれども、家庭内では兄弟で「こうしたら儲かる」など金銭の話をすると、「子どもはお金の話をするものじゃない」と叱られたものでした。

母のこと

母方の話をしますと、栃木県佐野の出身で、第一次大戦の頃、糸問屋でずいぶん儲けたのだそうです。私の祖母の伯父にあたる人が田中正造。足尾銅山鉱毒事件で社会運動をした地元栃木の衆議院議員です。明治政府が当時の国策のため鉱毒を無視したことに抗議し、帝国議会の開会式の日に、明治天皇に直訴したが罪には問われなかった。それだけ田中の運動には正当性があったということです。鉱毒事件の解決が遅れている中で政府がとった対応は、汚染を取り除くために利根川と渡良瀬川の合流点の谷中に遊水池をつくり、そこの住民百五十世帯は、北海道などに強制的に移住させられるという計画でした。庄屋の家に生まれた者の責任として、今度はその住民を守るために田中は闘いました。銅は、軍需産業であり輸出産業でしたから、鉱山に反対することは国家にたてつくことだったのです。子どもの頃から、田中正造のことは身近に感じていて、本も読んでいたので、私はすっかり官僚嫌いになってしまいました。しかし「公」の仕事が上で、「私」の仕事が下だということはおかしい。プライベートであっても公益を志向するのが建築家の仕事だと思っています。

佐野の洋館

父と母は、父の早稲田の先輩が、日本経済新聞の前身である中外商業新報にいて、その方の紹介で見合いをしたと聞いています。小汀利得《おばまとしえ》といって、戦後テレビが始まった頃から日曜日午前中の「時事放談」が続いていましたが、それに出演されていた方です。

一九一七年に第一次世界大戦が終わる。その頃の栃木の製糸織物業は、輸出産業で景気が良かった。大正十五年に建てられた母の実家である洋館は、佐野の登録文化財になって今も残っています。その修理などに私が相談に乗ったりしています。

田中正造の姪だった私の祖母セイの生家も製糸業を営み、祖母は当時先進的な教育で有名だった明治女学校に学んでいます。明治女学校は小石川にあり、祖母は寮で生活しディケンズを原書で読んでいたそうです。しかし、いろいろと事情があり明治女学校は閉校になりましたので、祖母は六人の娘全員を目白の女子大に入れた。親族一同女性は日本女子大に行くことが決まりだっ

一九二六年に建てられた佐野の洋館

たので、母も教育熱心というか教育ママのはしりでした。

敗戦をきっかけに建築学科に

実は、私は早稲田高等学院入学時には電気通信科専攻だったのだけれど、戦後大学入学時に志望を変えました。

戦時中は、電気通信というと花形だった。でも数学がまったく苦手で、終戦になった時に、高等学校が一年残っていて転科届を出せばよかったので、大学は建築に進もうと思った。洗足では建築家が身近な存在であったし、日本中が焼野原になっていた。そして建築科では興味のある歴史、建築史の講義があるのに何よりも惹かれていたからです。

八月十五日、終戦の日は、学徒動員中の立川の福生で迎えた。七月までは、大森の工場で風船爆弾をつくっていて、八月一日から十四日まで二週間は思い出の多い最後の夏休みだったので、岩波文庫やヘルマン・ヘッセの小説を手にして友人と山へこもり、将来をいろいろと語り合った。八月十四日に布団を持って福生集合だったのです。

翌日、福生の駅前の小さな広場で天皇の詔勅を聞いた。よく聞こえなかったけれど、戦争は終ったということだけはわかった。宿舎に戻りすぐに東京に帰ろうという者と、いや、これから一戦を交えるんだという者が議論になり、ともかく一晩福生に泊って様子を見ようとクラス討議で決めました。

次の日、立川の一部の部隊でしょう、抵抗を呼びかけるビラが空から降ってきました。私なんかは多少の情報を持っていたので、これは早く帰らないと巻きこまれると思い、あわてて東京へ向かい、夕方には洗足の自宅に着いていました。

家に帰ると、家中の電球にかぶせてあった黒い布を取り払いましたが、突然家中が明るくなり家庭の中が一変しました。そして、九月から高等学校二年生の二学期が始まったというわけです。戦後になって建築科に転科してよかったと思ったのは、戦争中は軍国主義的な教育だったので、ほとんど事実が歪曲されているし、理科の学生は軍国主義的な教育を受けて社会、経済の勉強から全く離れていたので、私は戦後に第一歩からやり直すつもりで、社会、経済、歴史の勉強に、冬には寒い大隈図書館に通いました。

もともと歴史に関心があり、思えば工学系で歴史があるのは建築科だけでした。私は、工学ではない建築の世界に目を開かされたというわけです。

大学に進学する時、理科から文科へ文科から理科へ、といった転科は、よくあったことです。大学では戦争中に軍隊に行って帰ってきた四つも五つも年上の元将校が、軍服、軍靴のままクラスに出席していました。こちらはひ弱な東京育ちでしょう。地方からの学生が意気高くやって来るわけです。すっかり軍隊帰りの先輩に圧倒されました。

今井兼次先生

建築に憧れて入ってきた私にとって、一番影響を受けたのは、今井兼次先生でした。大学に入って間もなく、今井先生に「君たち、この中で将来とも建築家としてやっていけるのは十人に一人でしょう」と言われました。みんなびっくりしたけれど、一クラス四十五人のうち、卒業後五十才を越える頃には設計を続けている同級生は数名でした。先生はまた、建築は工学ではない、芸術の世界だとはっきりおっしゃっていた。早稲田には、そういった工学系の大学にはない建築の教育がありましたね。

構造は内藤多仲先生、建築史は田邊泰先生。設計を担当する先生には佐藤武夫さんが来られていて、設計製図に厳しい先生でした。「このエレベーターじゃ、動かない」といって原図に赤鉛筆で書き込まれたりした。そうやって建築の実務を厳しく教えられるのは大切ですね。大学のクラスには、穂積信夫さん、菊竹清訓さんなどがいました。

ちょうど二年になって、ようやく世の中が落ちついて学業にも油が乗ってきた秋ごろ、不幸にも結核で一年半、闘病生活をすることになります。大学はところどころガラスも破れ、冷暖房もなくて、冬は頭からマントをかぶって勉強していた。十一月三日、お休みの日に、暗い図書館で咳こんで、何かぬるぬるすると思ったら、喀血していました。当時は特効薬がまだなく、冬でも窓を開け大気安静療法あるのみでした。

療養中の午前中は、父に丸善で買ってきてもらった易しい英語の本を読み、午後二時からは占領軍のラジオ放送でクラシックを聴くのが楽しみでした。マーラー、ブルックナー、プロコフィエフなど当時日本では演奏されていない曲を聴くことができた。安静に寝て本を読むだけの生活でしたが、弟の推す経済学の基本的な本にも手を伸ばした。これは後年経済界の人と仕事をする時に少しは役立ったと思います。

結局二年遅れ、復学したクラスには阪田誠造さん、宮本忠長さん、池原義郎さんがいました。復学して卒業まで三年間も気胸療法といって、肺に空気を注入して病巣の石灰化を早める治療のため、水道橋の結核予防会の病院に通っていましたが、今思ってもつらい日々でした。

復学して熱心に通ったのが、通称アメセン、日比谷のアメリカ文化センター。旧日東紅茶の店が情報センターとなっており、アメリカだけでなく、世界各国の科学、技術、芸術、文化などの本や雑誌が揃っていました。百席以上あっても、すぐ満席になってしまうので、席の確保のために開館の九時よりも前の八時頃から並んで待つのです。全館冷暖房完備で、冬なんか暖かくてありがたかった。新着のアメリカ、イギリス、フランスの建築雑誌も二週間借りられて、取り合いで借りていた。貸出カードに記入された常連の名前を覚えてしまうほどだった。林昌二さんもその一人。雑誌「国際建築」の編集で活躍されている方々の名前も貸出カードで知っていました。まだコピー機のない時代だから、デザイン志向の建築科学生は、トレーシングペーパーをあててプランや写真を写しとっていたけれど、医学や薬学の人は学生を雇って書き写させていたりして大変そうでした。

ひとつ印象的だったのは、建築の本がアート・アンド・アーキテクチャーの書棚に仕分けられていたことです。インダストリーやテクノロジーのセクションではないのです。また雑誌に慣れてくると、だんだんと建築や文化、芸術の単行本を読めるようになり、これは大変勉強になりました。

卒論と卒業設計

私が二年間休学しているうちにすでに大学は新制に移り、旧制大学生はほかに三人となってしまいました。クラスもなくなり残り二年間は先輩たちについて勉強することになりました。

私はやはり歴史と地理に興味があったので、吉阪隆正先生の弟子の大学院生、篠原隆政さんの研究室に出入りしました。篠原さんにすすめられて入ったのがヴィダル・ドゥ・ラブラーシュの

「人文地理学原理」の読書会。私の力では、到底読みこなすことはできませんでしたが、建築と地理学、歴史学の関係の重要さには目を開かれましたし、その後も関心を持ち続けました。

卒論は、アメリカ文化センターで見つけた*Structure And Contemporary Architecture*をもとに、デザインと構造の関係をなんとかまとめました。卒業設計のヒントもアメリカ文化センターで得たものでした。モホリ・ナジ著*Vision In Motion*という本があり、バウハウスの広汎な芸術活動について書かれていた。モホリ・ナジの説く、総合芸術の場としてのCulture Centerの提案にひかれ、よし、これでいこうと決めました。

早稲田に卒業設計を提出する前日、近所の東工大谷口吉郎先生をお訪ねして図面を見ていただきました。後日、林昌二さんから、「あんな恐い先生のところによく行きましたね」と驚かれたけれど、私にとっては東工大の教授としてより、家族もよく知っている近所の先生だからと軽い気持ちでした。当時輸入品として珍しかったカラン・ダッシュ社製三十六色の色鉛筆で書いたパースペクティブを褒められてうれしかったですね。

村田政真建築設計事務所に就職

卒業する時には、今井先生の影響が多大で、建築家になるための修行としては設計事務所に行くしかないと思っていた。高等学院の同級生で、村田政真設計事務所で構造設計をやっている三井道一君が村田先生に会わせてくれた。「君、デザインをやりたいんだね」「そうです」「では明日から来なさい」と言われた。それが三月の三十日でした。父親は企業に勤めていたから、仕事の関係で私の就職口を竹中工務店と清水建設に頼んでいた。アメリカで勉強した父親でさえも、建築家への理解はそれが限界だったと思います。

卒業論文を出すのが十二月、卒業設計提出が三月半ば。それができないと卒業できないわけだから、卒業設計提出が終ってから就職口を捜し始めるのは、当時ではあたりまえのことでしたね。一九五二年卒業だから、設計事務所はそうたくさんはなかった。大規模なところでは、松田平田設計事務所、久米建築事務所、山下壽郎建築設計事務所、西村好時建築事務所があったくらいですが、現在のように何百人という規模ではありません。

村田政真さんは、三重県四日市近くの富田の出身。村田家は、有数の山持ちで、先生は、昭和の初年に東京美術学校を出るとすぐに結婚してパリへ外遊。夫人は、新潟・鍵富家のお嬢さんで、聖心女子大を出て音楽を勉強された方。先生は帰国して宮内庁の建築技術者となり、岡田信一郎の設計事務所にも勤めて独立された。

事務所は、虎ノ門の晩翠軒という有名な中華料理店の二階にあった。全員で十人くらいだったかな。冷房がなくて、蛍光灯もなかったから、夏は、暑くてしょうがない。手拭に氷をはさんでハチマキにするのが唯一の冷房。六月、七月になると湿気で製図用紙が波打って困ったものです。

戦後すぐ、村田事務所では横浜海岸通りの横浜ビルという当時では大きいビルを設計し、完成していた。この建物は今でも残っていますが、チーフは加倉井さん、長原さん。ともに東京美術学校出身で、戦争中は土浦事務所から派遣されて満州で仕事をしていた。満州では建築家が新京や吉林などで都市計画の仕事ができたわけです。村田さんも満州に行っていたし、事務所では満州での話をよくしてくれました。

吉村順三先生は、村田さんの一年先輩。海老原一郎さんや東京美術学校の同窓生もよく電話もかけずに突然事務所に訪ねて来るのです。今と違って建築事務所はそういうのんびりしたとこ

一九七七年、ソウル空間社で村田先生と

ろがありました。村田先生などは、友達が来ると外にお茶を飲みに行っちゃって、二時間くらい帰って来なかった。

村田建築設計事務所では、先生をはじめほとんど全員東京藝大出身の人が多い事務所でした。私と構造を担当している人が早稲田で、加倉井昭夫さんたちは東京美術学校、今の東京藝大出身。加倉井さんは、俳人としても一家を成していて、有名な俳人も訪ねて来た。彼には吉田五十八流の和風建築のディテールを教えていただいた。そのほかに河野通祐さん、武蔵工業大学出身の広瀬鎌二さんもいた。ユダヤ系外国人ビジネスマンが、戦後レーモンドの設計などで麻布の丘に立派な住宅を建てていたけれど、広瀬さんはそんな住宅を担当していた。ウォーレス・ブリストルという「ライフ」誌の写真家がいて、その木造の住宅は広瀬さんが担当し、残された図面のディテールは実にプロポーションが良く、釘の打ち場所まで描いてあった。見事なドラフトマンシップでした。

また土浦事務所で満州に行っていた人たちが引き上げてきて村田事務所に集まっていたので、美校の同窓会のような雰囲気がありましたが、同期に入ったのが建畠嘉門君。お兄さんが彫刻家の建畠覚造さんです。彫刻家と建築家の芸術一家で、岸田國士さんの娘さんたちと親しく、一緒によく連れ立って新劇を観に行きました。

戦後の特徴として、レーモンド事務所をはじめ村田事務所や松田平田事務所などが、進駐軍の仕事をやっていた。主に住宅、小学校や教会などの施設ですね。ところが村田事務所で、少しは英語ができるのは私ぐらい。ですからレーモンド事務所の分室に派遣されて図面を描きました。時にはレーモンドさんが回ってきて、"Simple is best"と言って帰っていきました。

米軍の施設を管理する事務所は大手町の旧満鉄ビルにあり、図面を提出すると不備な点を指摘

東京都室内プール（一九五七年、村田政真建築設計事務所）椎名の外観パース

される。私は米軍将校の叱られ役で何度も図面訂正をさせられていました。たとえば、扉の開閉の方法一つでも、日本人は外開きにするけど玄関からトイレまで、ドアは内開きでないといけないというのです。文化の違いを感じさせられました。

村田さんの夫人は、非常に開明的な人で、社交を大切にするということを積極的にやっていました。麻布西町の自邸は、靴のまま入り広い居間にはグランドピアノもあった。彼女は、教養があり音楽の才能のある人でした。ある日私たち所員を前に、「あなたたち、楽譜くらい読めなきゃ建築家じゃないわよ」という発言があり、所員一同あわてたこともありました。私の自宅近くに秋山和慶という若い指揮者がいて、そのお母さんが藝大の師範科を出た人で、時々ドイツリートを教えてもらった。しかし、基礎的な勉強がなく、音楽は好きなんだけれど身につきませんでした。

村田さんの夫人に教えられたのは、建築家としての素養と社交、ソーシャライズすることとの大切さでした。わりあい私の父親も人との交遊を大切にする人だったけれど、建築家は、クライアントが何を考え、どんな問題を持っているか、ソーシャライズする機会の中でつかんでいくことが大切だと思います。村田さんから学んだことは、後にアメリカで生活して、なるほどと納得させられました。

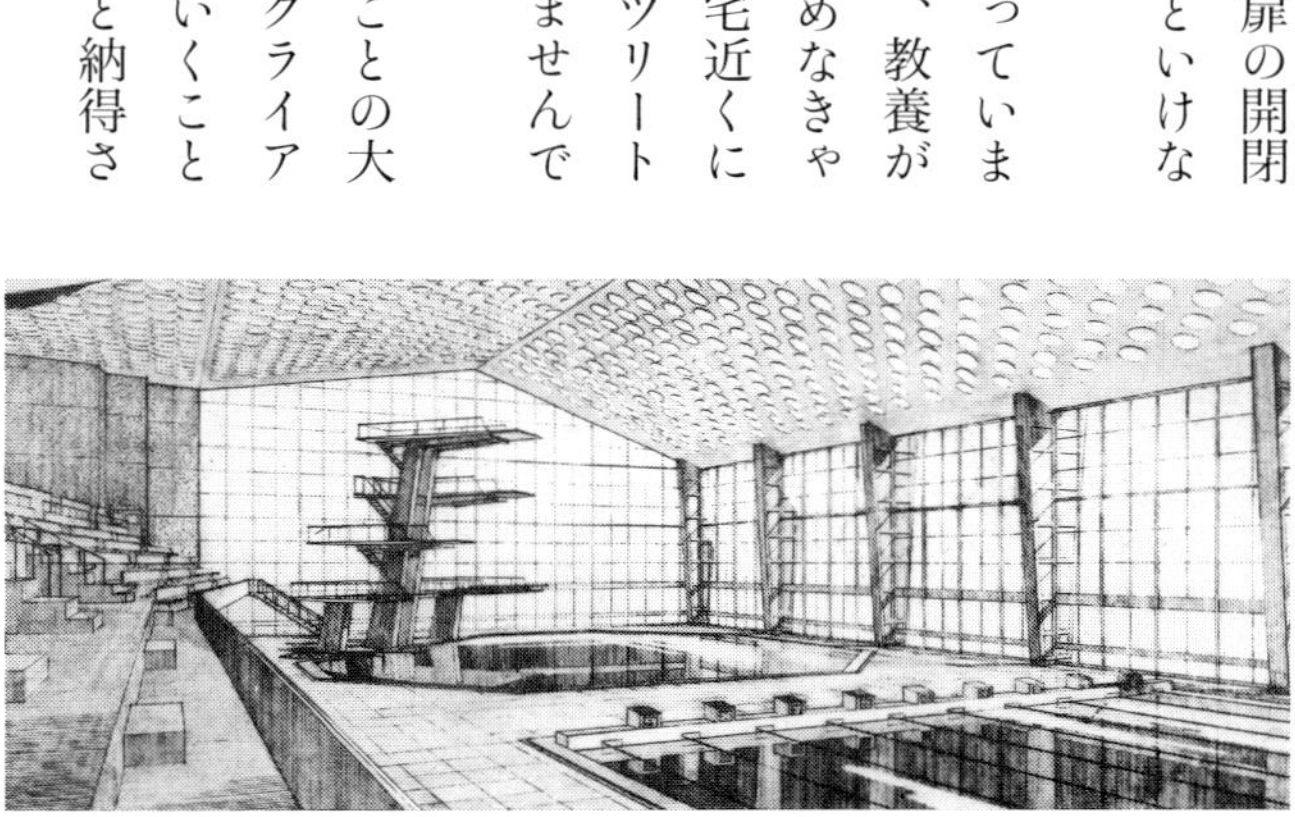
東京都室内プール(一九五七年、村田政真建築設計事務所)椎名の内観パース

アメリカ留学のきっかけ

卒業して村田事務所に入ってからもアメリカ文化センター通いは続きました。英語の単行本も、頑張れば一冊ずつ読めるようになってくる。ギーディオンの*Space, Time, Architecture*、ルイス・マ

ンフォードの*The City In History*、ダニエル・バーナムの*Plan Of Chicago*などを読んでいきました。それとは知らずに手に取ったら必読の名著だったという出会いもあった。当時はドル高で、一冊買うのに一ヵ月分の設計事務所の給料一万円では到底足りないので、東光堂への分割払いは長く続きました。

今井兼次先生からは、アメリカにクランブルックというエリエル・サーリネンの創設した美術学校があると聞いていました。絵画、彫刻、織物や金工などの工芸と建築のデザインが一体となっている大学だという話でしたが、ある時アメリカ文化センターの掲示板に留学生募集という貼り紙をみつけました。それは、クランブルック芸術大学のエリエル・サーリネン・メモリアル・スカラシップというもの。今井先生は、父エリエル・サーリネンの影響を受けていましたから、これはいいチャンスだ、受けてみよう、と思ったわけです。

早速、卒業設計のパースと村田政真建築設計事務所で担当していた千駄ヶ谷の東京都のプールのパースを入れて応募すると、幸運にも奨学生として受かってしまいました。

奨学金は、一年間の授業料と寄宿舎の費用付きで千五百ドル。渡航費用は出ないからフルブライトの奨学金をもらったのですが、それでもまだ足りない。あと三、四千ドルは必要で困っていたところ、一緒に旧制で遅れて卒業した三人のうちの一人である宮村慎一君がアルバイトを紹介してくれたのです。ビザを取るのに一年もかかってね、その間武蔵小山の建具屋の本社ビルの設計で留学資金を手に入れたわけです。多くの友人たちに助けられて、一九五七年、やっとの思いで日本を発つことができました。

クランブルックでの留学生活

クランブルック美術大学は、デトロイトの郊外にあります。私がアメリカに行った一九五七年のころは、アメリカの産業経済の中心はフォードやゼネラルモーターズ、クライスラーなどの自動車産業でした。サーリネンやミノル・ヤマサキなど新進の建築家の事務所はデトロイトの周辺にあったのです。

槇文彦さんもクランブルックで学んだ後、ハーバードを卒業して実務に就き、早稲田同期入学の穂積信夫さんはハーバードの大学院を卒業して、エーロ・サーリネン事務所に勤めていました。

まだ渡航といってもプロペラ機です。日本からハワイ経由でサンフランシスコまで飛行機を乗り継いで三日。ハワイに着く前にウェーク島で給油。ハワイで一泊し、そこで初めて食べたアイスクリームの味は忘れ難い思い出です。プロペラの騒音で耳鳴りが二日くらい残るほどでしたが、サンフランシスコで一泊。シカゴに二泊して、ミースやライトの建築を見て回りました。

デトロイトに着いたのは日曜日の午後。学校が始まるのは月曜とはいえ、こちらはお金を節約して一日数ドルで生活するわけですから、ホテルに泊まらないで日曜の夜から寮に入れるようにしたいと思ったわけです。

デトロイトの空港の建物は格納庫を改修したもので、白い大きな空間は、ミノル・ヤマサキの設計。ホール中央の模型に設計YAMASAKIと記されていました。

日曜日の空港前には、ひっそりして誰もいない。一時間も頼りなく待たされて、バスに乗ると「あなたは建築家でしょう?」と中年の女性が話しかけてきた。びっくりしていると、今朝の地

エリエル・サーリネン

クランブルック美術大学 美術館・図書館

元紙にクランブルックの奨学生の写真と記事が出ていたという。「ヤマサキを知っているか」「クランブルックにはサーリネンがいる」と話しかけてきた。彼女との短い会話の中で、一般市民にも建築家の仕事に対する関心と敬意があるのを知った。それはニューヨークでも同じことだった。大手企業のバンカーよりも大事にされるのはドクター、ロイヤー、会計士そして建築家でした。

建築家であることで一目置かれて、ずいぶん恩恵を受けました。美術学校の中でも建築家は女性のアーティストからも扱いがちょっと違ったことも忘れられないです。

着いたその翌日の夕方に、早くもアトリエに来訪者がありました。校門前に住むミセス・ゲンは昭和十年代にGMの日本進出計画にともない家族で芦屋に滞在したことのある老婦人であり、大変な日本びいき。槇さん、穂積さん、高瀬隼彦さん、吉岡亮介さんら、クランブルックへ日本から来た建築の留学生は、みな彼女の世話になっています。そのころ、サーリネンの設計でGMの研究センターができて、日本の自動車会社の社長クラスの人々が視察に訪れるようになり、その案内役も彼女が進んで引き受けていたようです。

クランブルックでの一年間の留学生活は夢心地でした。キャンパスの設計は、フィンランドから招聘された〝パパ〟エリエル・サーリネン。その子エーロ・サーリネンの設計した学生寄宿舎は、一人一部屋にシャワーが完備されていて、いつでもお湯が出る。びっくりしました。それ以外にも週に一回シーツをとりかえてくれる。零下十度くらいになるんだけれど、スチーム暖房で身体が暖まっているから別棟の食堂に行くのも、薄着で雪の道を歩ける。日本とは違っていました。

クランブルックは、学生寄宿舎の学生を含めて内外百人しかいない。建築のクラスは十人くらいで、他に絵画、彫刻、デザインと織物の各科があり、女性が三割くらい。一九三〇年代の創立で、総合大学ではなく単科の美術学校。財務は自動車産業の各社の協力があったと聞いています。自動車をつくるのにデザインや美術のリソースが必要とされていたからですが、美術学校を大事にしていたようです。

日本から自動車会社の社長など視察に来ると奨学金をもらっている学生が順番に案内する。私はいすずの社長を案内しました。それから、キャサリン・ヘップバーン。たいへんな現代美術のコレクターで、彼女が来た時も私が案内しましたが、アメリカの現代美術家の作品も名前も知識がない時で、恥をかいたことは忘れていません。

クランブルックは、大学院大学だからいわゆる授業はない。自分で課題を決めて持っていくと、インストラクターと呼ばれる教師が相談に乗ってくれるのです。

当時は景気が良かったから、住宅コンペもたくさんありました。最初にインディアナポリス住宅協会のコンペで二等に入って百二十五ドルをもらったので、味をしめて続けてコンペで稼いだこともありました。

そうこうしているうちに、トロントの市庁舎のコンペが始まりました。これを、大学の課題としたわけです。参加するのには、日本建築家協会の会員でなければならない。それで、村田先生にお願いしてね。横山不学さんとの二人に推薦をいただき、会員にしてもらった。二十九歳くらいで日本建築家協会の会員になりました。その時同じように会員になって、通称トロント会員と言われる中の一人だったのです。でもトロントまで敷地を見に行ったけれど見事落選した。一等は私と歳の違わないフィンランドの若い建築家だったけれど、とてもいい案でした。その落選案を就職インタビューの時に使いました。フィリップ・ジョンソンは興味を持ってくれませんでしたが、エド・バーンズは評価してくれました。

クランブルックの学生は、野心的でした。一年か二年ここクランブルックで頑張って皆ニューヨークの芸術家の世界に目が向いていました。クランブルックの先輩である槇文彦さんはハーバードの大学院GSDに移った。私はハーバードもイェール大学もいいとは思ったが、ニューヨークにとりつかれていきました。

一方、穂積さんは私より前にサーリネンの事務所で働いていて、私と入れ違いに辞めて日本に帰った。ミシガンにいるよりも、ニューヨークには、I.M.ペイやスキッドモアなどの設計事務所があるので、最後の三ヵ月はなんとかニューヨークで仕事を見つけたいと、一生懸命で経歴書と作品のブロシュアーをつくりました。

ニューヨークのSOM

私はまだ一度もニューヨークに行ったことがなかったので、一九五八年の夏、彫刻家の友人が車で東海岸に行くというので、一緒に乗せてもらうことになった。彼は途中でクリーブランドやピッツバーグの知りあいのアーティストを訪ねて、各駅停車のように滞在する。それがおもしろかったし、訪ねて行った先々で設計事務所を紹介されるのです。初対面にもかかわらず、結構なレストランに連れて行ってもらい「明日から来ないか」と言われることが多かった。

フィラデルフィアでは、エド・ベーコンに会いに行った。彼はクランブルックからサーリネンの事務所を経てフィラデルフィアの都市計画をしている建築家で、古代ギリシアから始まり都市の成り立ちを語ったCITYという本を書いた人です。大きな都市では、市民の付託を受けて彼のようにシティ・コミッショナーが都市計画に責任を持つというわけですが、ルイス・カーンと対立したシティ・コミッショナーとしても有名です。

フィラデルフィアからニューヨークまではグレイハウンドのバスで行った。ハドソン河を潜るトンネルを出て、いきなりマンハッタンの摩天楼を見上げるというニューヨーク入りで興奮しました。着いたのは、八月半ば。暑かった。

どの街でもそうだったが、泊まるのは一日二・五ドルのＹＭＣＡ。全世界からニューヨークへ来て一旗上げようという人たちがたくさん集まっていたから、そういうところに泊まってもちっとも恥ずかしくありません。

冷房のない暑い部屋でバス、トイレは共同。軍隊式というか、トイレには囲いがなくて便器がずらっと並んでいる。私は美術大学に行っていたから偏見はないけれど、ＹＭＣＡにはゲイの人がたくさん泊まっていることもすぐ分かりました。

さっそく職探しのアポイントメントをとろうとするが、夏の休暇中でなかなか思うように会えません。

タイプライターを借りてきて、経歴書を五枚くらいつくった。当時はまだゼロックスのコピーがなかったから、作品は写真に撮って黒いレザーの表紙がついたＡ４判ファイルに入れた。作品はクランブルックに入る時にも使った村田さんのところで設計担当した東京都の屋内水泳場、個人の小住宅。トロントのコンペ案よりもこの三十坪くらいの住宅の方にみんな興味を持ってくれたようです。

ロックフェラーの住宅を設計したエド・バーンズというい い建築家がいるが、この人も評価してくれて後日コールをもらった。

そんなことを十日間くらい続けたが、その頃ニューヨークには旧知の高瀬隼彦さんがいた。彼は、大江宏先生とブラジルの博覧会の建物を見に行ってそのままアメリカに渡り、ハーバードに行った方です。ミノル・ヤマサキの事務所を経てＳＯＭで働いていましたが、ヤマサキのところに戻ることになり私をＳＯＭに推薦してくれました。

私がニューヨークのパークアベニューにあるＳＯＭに行くと、チーフデザイナーのバーンシャフトが顔を出してロイ・アレンがインタビューに出てきた。経歴書なんか見ずに持っていった作品のパースをちらちらっと見て、明日からすぐ来いと言う。

アメリカでは、建築家は図面よりもパースが描けないといけないんだと思ったが、槇さんをはじめ高瀬さんなど、アメリカでの先輩がちゃんと実績を残してくれているから、私が入れたのだと思います。

ＳＯＭでは、入る時に三つの道に分かれる。一つは、デザイン・セクション、二つ目はワーキングドローイング、プロダクションのセクション、三つ目はインテリアのセクション。デザイン・セクションは、プレゼンテーションをして、仕事をとってきて、模型をつくったり、絵を描いたり、基本設計までを中心に仕事をする。ＳＯＭはパークアベニューにあり当時総勢百五十人程。デザインは四十人、プロダクションは八十人くらい。あとはインテリアとセクレタリー。私はデザイン・セクションに入ったので、図面を描いたことは全くなかった。チーフデザイナーが、こんなコンセプトでやってくれと持ってくると、６Ｂくらいの鉛筆でスケッチにする。「マサオに描かせろ」と言って指名してくる。あまり細かいことを描くとかえって叱られる。つまり、コンセプトがわかるような絵にしないといけなかったのでした。

私がジュニアデザイナーとしてついたのは、パーク・アベニューにあるユニオン・カーバイド本社ビルの設計をした実力派女性、ナタリー・ドブロー。私より十歳くらい上だったでしょうが、こ

一九五八年、ニューヨークＳＯＭの窓から

どもが数人いて、役員並みの仕事をしている、よくできる人でした。

一番最初の仕事はその超高層ビル、ユニオン・カーバイド本社ビル。五十年代から六十年代初頭は、アメリカの大企業が、競ってニューヨークに本社ビルを建てていた時代だった。まずは一階ロビーの花屋のデザインだ。次は、チェイス・マンハッタン銀行の回転ドア。この設計には模型をつくっては壊し三ヵ月もかかった。私より一年遅れて、リチャード・マイヤーが入ってきた。彼は裕福なユダヤ人の家系だから、仕事のあてもあったのだろう。下積みはまっぴらだとたった三ヵ月で辞めてしまいました。

ゴードン・バーンシャフトの仕事

バーンシャフトはクライアントに対しても強い発言をする。すごい自信だ。チェイス・マンハッタン銀行の中にアートワークを入れる時はバーンシャフトが選定して並べる。そこへデイビッド・ロックフェラーがやってきて、「わかりました。これですね」と一言いって決める。私たちは、遠くから見ているんだけれどね。作品は、タピエス、マーク・ロスコ、ヘンリー・ムーアや、イサム・ノグチなど、今だったら一点数億円もするような当時の最先端の作品でした。まだポップ・アートが出てくる前の時代です。

バーンシャフトは、画廊やアーティストとも交流があり、イサム・ノグチはよく事務所に来ていました。アートワークをコンペにする時もあった。私がアーティストのために設置場所の模型をつくって有名なアーティストに送っても、彼らの多くは、置く場所やスケールも無視するのだけれど、イサム・ノグチは違った。どのように置くかまで図面に描いてくるから、バーンシャフトはノグチを気に入っていて、造園設計に彫刻や噴水を組み合わせて多くの仕事をしていました。

バーンシャフトは最高幹部のパートナーだけれど、その下に部長クラスが何人かいて、クライアントやバーンシャフトとのコンタクトをとる。私が描いた絵をチーフデザイナーがクライアントのところに持っていき会議をしてくるわけだが、所内ではクライアントに対するプレゼンテーションよりもバーンシャフトにプレゼンテーションする方が大変な騒ぎでした。

ある時、日曜日に事務所に行ってみると、バーンシャフトが部屋にこもって仕事をしていた。イェール大学図書館のアイディアを探っていましたが、広い彼の部屋中に黄色いトレーシングペーパーが山のように撒き散らされているんだよ。すごいなあと思いましたね。

けれども、バーンシャフトのように役員として残るのはまれで、たいていは二、三年すると、SOMにいたということで箔をつけて、地元に帰り独立するのが普通でした。

ニューヨークでの生活とニューヨークの六〇年代初頭文化

妻秋子は、妹の友人で五歳下です。結婚したのは、SOMに入って二年してからだ。いつ帰国するかわからないし、周りからも薦められて、婚約してからアメリカに発ったのです。

一日一ドルか二ドルの貧乏生活をしていたのが、SOMに入ったら、週給百十ドル。残業するから百五十ドルくらいになり、月給六百ドルだと、一ドル三百六十円の時代です。月に二十万円くらいになってしまう。村田事務所を出る時は、月給一万円だったからね。本も買えるようになったし、たまには、オペラにも行けた。昼は節約してサンドイッチぐらいで済ませ、でもこれはユダヤ人が好きな茶色いパンで特徴のある味が美味しかった。事務所は、有名なレストランの並ぶ通りにあったから、そんなところにも時々なら行けるようになっていました。事務所のあるパークアベニューからは、MOMAも、洋服屋のブルックスブラザーズも近くて、MOMAはメンバーになって常連だったし、あの頃はなかなか欲しいものも買えなかったけれど、今でも服は青山のブルックスブラザーズにしている。

貯金もできて、結婚することになったのだけれど、仕事が忙しくて抜け出せないので、準備は日本の家族に任せてしまい、結婚式の三日前に東京に帰って来ると、父も母も御機嫌悪いわけです。結婚式と披露宴は、日本工業倶楽部で挙げました。

よかったのは、アメリカに戻る時、妻秋子を連れてビザが紙一枚で取れたこと。日本を出る時は、一年もかかって苦労したのに、SOMの証明書には、「下記の者、事務所では欠くべからざる人材で、アメリカに戻ってきた際には雇用を保証する」とありました。移民局の手続きは、フリーパスだった。ビザのタイプも、社会的にエスタブリッシュされたプロフェッショナルな仕事をしている人に分類されていたのです。

ニューヨークで住んでいたのはハドソン河に面したリバーサイドドライブ。五階建ての小さなアパートで、一階に二戸しかない。あの頃は近所にプエルトリカンが多く住んでいたけれど、最近行ってみると、最高級の住宅地に生まれ変わっていた。そこがニューヨークのおもしろいところです。私の住んでいたアパートは、当時家賃が月に百ドル。クランブルック時代の彫刻家の友人がニューヨークにいましてね。ハンガリー出身のユダヤ人で医師の一家なんだけれど、よく自宅に招かれて行った。すると彼のお母さんが言うには、「給料の全部を使っちゃだめよ。四分法でやりなさい」と。食費、家賃、衣料その他で、それぞれ四分の一、残った四分の一を貯蓄に回し

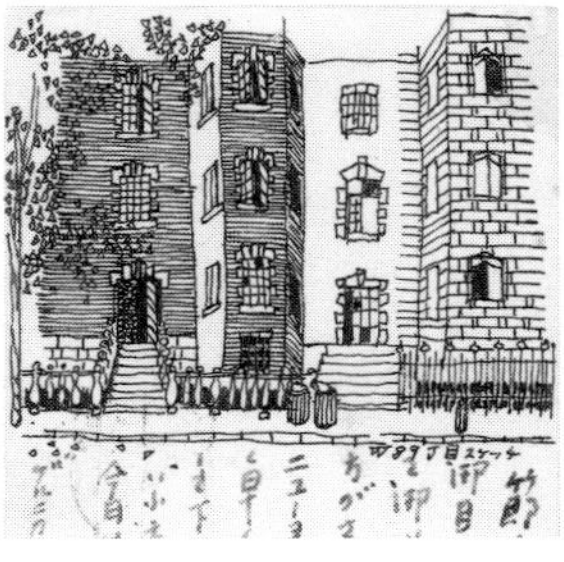

一九五九年、ニューヨークW八九丁目アパート

なさいと諭す。まさにジュウイッシュ・マザーですね。

そうやって、私は比較的大規模なデザイン事務所で経験を積むことができた。またアメリカの建築事務所は、デザイナーを中心に展開されていることもわかりました。

一方、ニューヨークでは、一九六一年にジェイン・ジェイコブズが『アメリカ大都市の死と生』を書いていたわけです。彼女はヴィレッジの住人で、みんなが高層ビルを建てるために古い都市をぶち壊している時に、道は狭くて曲っていなきゃいけないとか、小さな店がなきゃいけないと言った。それが、建築家だけではなくて、アメリカ社会、経済界にも大きなインパクトを与えたのです。私もすっかりジェイン・ジェイコブズにはまってしまいました。進歩的な学者やアーティストの話が聞けるニュースクールという学校があって、私も妻もよく出掛けたが、そこにもジェイン・ジェイコブズがやってきた。超高層とマンハッタンを横断する高速道路計画に反旗をひるがえし、圧倒的な支持を受けたわけだ。そして、ジェイコブズの示した新しい都市の価値観が、ニューヨークから全米に広まっていきました。

コンクリン・ロサント建築設計事務所へ

ニューヨークのビレッジ文化に触れるうち、大きな事務所の限界を感じるようになってきた。そうこうするうちに、槇文彦さんのハーバードの同級生、コンクリン・ロサントと知り合った。彼はそのころ、アメリカで初めてのニュータウンの設計にとりかかるので、うちに来ないか、というわけです。

ニュータウンのコンセプトとは、戦後イギリスで始まったもので、当時建築家が関与したニュータウンはアメリカにはなかった。ロバート・サイモンという弁護士が、戸建てや低層の集合住宅を計画的に配置した本格的なニュータウンをワシントンの郊外につくろうとしていて、その設計をコンクリン・ロサント事務所に依頼したのです。ニュータウンの名称はオーナーの名前をとってレストンと呼ばれていた。現地へ行ってみると、バージニア州の原野で、何から手をつけていいのか、さっぱりわからない。ブルドーザーで平らにするところから始めるかと思ったら、それは間違いだっだ。最初に正確な地形図をつくる。そして、雨が降った時の自然の水の流れを調べる。それと同時に、ジェイン・ジェイコブズが指摘しているように人と自動車の扱いも重要だ。さらには核となるタウンセンターをつくらなくてはならない。ランドスケープとして人工湖もつくりました。私は、この人工湖のほとりに建つタウンセンターのスケッチをロサントと何枚も描いた。楽しいまちづくりのスケッチでした。

二人の建築家は、とてもいい人たちだったし、ＳＯＭではできない経験になりましたね。

その後アメリカでは海外支援をするプログラムができて、フォード財団が資金を出し、カルカッタの難民のための住宅をつくることになった。経済学者、社会学者、建築家が私ともう一人でプロジェクトチームを組んで、インド・パキスタン戦争後のカルカッタに発ちました。

妻と生まれたばかりの息子は、連れていくわけにいかないので、ひとまず日本に帰国。出発前にバックミンスター・フラーがやってきて、相談すると竹ひごでモデルを数限りなくつくり、ドームを提案してくれた。フラーのその提案は想定外だったが、当時インドにはコンクリートも鉄筋も十分になかったから竹を選んだのでした。

フラーの竹ドームで難民住宅をつくる一方、市街地の再開発をする。一階では商売や家

一九六二年、ミラノ
ピレリービル（ジオ・ポンティ設計）付近にて

業の場と二階には居住できる場の提案、つまり地域経済が成り立つような都市計画を進めました。

ところが、ウエストベンガル州の政権が突然変わって、共産党政権になったとたん、米国勢力の一掃で追い出されることになった。即日退去というのだ。驚きました。

ちょうどその時、滞在先のホテルに電報が入った。父親の病状が悪化したことを知り、身一つでインドから飛行機で日本に戻りました。

後に日本のフォード財団の人に聞くところでは、再開発の煉瓦づくりテラスハウスは完成したが、入居は抽選で当選者が路上に寝て、また貸しをして生活にあてるというようなことになったらしい。

一九六二年、ロンドン
トラファルガー広場にて

私がニューヨークにいた一九五八年から六三年は、アイゼンハワーについでケネディが大統領に就任し、ゴールデンエイジとまで呼ばれていた。まだベトナム戦争が始まる前のアメリカの一番いい時代だったと思います。ＳＯＭから図面を抱えた人がある企業のビルに入って行くと、その会社の株価が上がると言われたくらいでした。それほど建築と経済は密接な関係にありました。

ニューヨークは雪も積もるし、零下十八度くらいになる。でも、みんな赤ん坊を乳母車に乗せてハドソンリバー沿いの風の強い公園に連れ出すのでした。家内は、三年間ニューヨークで一緒に生活したことになりますが、生まれたばかりの長男を連れて積極的にマンハッタンを歩き回ったようです。

彼女は音楽が好きだから、週に二日も三日も続けて演奏会に出かけました。メトロポリタン歌劇場では毎週水曜日に、次の週の出しものの切符を発売するので、昼休みに出かけて天井桟敷の一ドル二十五セントか一ドル七十五セントの切符をまとめて買うのだけど、事務所の残業も多くて行けなくなることも多かった。音楽環境は特に刺激的で楽しかったと思います。

ＳＯＭ事務所は、ＭＯＭＡまで歩いて五分くらい。デ・クーニングやジャクソン・ポロックなどアメリカの抽象表現主義の盛んだった時に、ＭＯＭＡには関係者のように出入りしていました。当時の造形美術に日常的に接していた環境は、ニューヨーク以外では期待できないでしょう。ＭＯＭＡには、建築部も写真部もあって新聞のアートのページに建築が大事に扱われていました。

ニューヨークには、独立した個人の名前がついているレオ・カステリなどの代表的な画廊が数店ありました。建築家が、クライアントに代わってアートを選ぶということはかなり常識となっていましたから、建築事務所から来たというと大いに歓迎されました。

ニューヨークの生活は、企業まる抱えの生活ではなく、業界内で固まるのでもなく、建築家や芸術家と一般の社会人の、個人と個人の幅広い社交生活がありました。ディナーパーティーに呼んだり呼ばれたりと、自宅に十人から二十人くらい招いたりする生活がごく普通でした。

ニューヨークで医者、弁護士、建築家という独立したプロフェッショナルな職業に就いている人はユダヤ人が多く、その社会を垣間見ることもありました。彼らの多くはヨーロッパでの戦争の苦しみを乗り越えて、人間としての強さを持っている。そしてその強さが尊敬をかち得ている。そういう人々が集まる都会での生活を経験できたことは、私の人生に少なからず影響を与えてくれました。

帰国して

日本に帰って、また勤める気にもならず、自宅で独立しました。洗足の家は、木造の大きな家

青山遠山邸（一九六四年）
［撮影］作本邦治

でしたから、昔の書生部屋でしたが、十坪くらいの木造二階の別棟がありました。そこを事務所にしました。

日本に帰って最初の仕事は、家内の兄二人が横浜の日吉に隣同士で家を建てることになり、その設計です。

そしてニューヨークのチェイス・マンハッタン銀行にやっと日本の金融機関が戦後初めて事務所を出すことになった時、そのインテリア設計を紹介してくれた日興証券の遠山直道専務から、日本に帰るので青山通りにマンションを購入したいと連絡がありました。七〇〜八〇坪のマンションを買うことになったのです。社交生活ができるようなインテリアにしたいということで、マンションのインテリアデザインを本格的に設計する機会となりました。ここによく集ったのが当時の若い新進ビジネスマンで、遠山さんの仲間に入って同時代人としての所属感を感じたものです。

ただ、残念なことに遠山さんはフランスのナントでの航空機事故で四十代初めで亡くなったのです。経済人としてリスクを恐れず、しかも遠山さんは私を「有名ではないが有能な建築家」として多くの方々を紹介してくださり、幅広い人材を知ることができた。今でも忘れ難い友人のクライアントだったのです。

鮎川義介さんのこと

いざ建築家として独立しても、仕事にもクライアントにもなかなか恵まれるものではありません。まとまった建築設計が実現しなくても、立派なクライアントから設計の相談をいただいて感銘を受け、学ぶことができる幸運もありました。

友人高瀬隼彦君の紹介で鮎川義介さんを世田谷岡本町の邸宅に訪ね、初めてお目にかかりました。古い長屋の門をくぐり車寄せのある屋敷は長谷部竹腰建築事務所の長谷部鋭吉さんの設計でした。鮎川さんは満州事変以来、日本の重工業を満州で興し、日産やその他多くの会社を創業しています。かつ当時としては画期的でしたが、米国からＧＭなどの投資を図った日本経済国際化の先駆者でした。

鮎川さんは初対面にもかかわらず、私の米国での経験を聞かれて、ご自身が戦前アメリカ資本やＧＭを導入しようとして成功しなかった話を始められました。日産でダットサンを開発されたのは鮎川さんですが、「日本の量産住宅の技術的な将来はどうか」と、突然の質問でした。長州弁でしょうか、「どうじゃ、どうじゃ」の連発で独特なアイデアを孫ほどの年の若い建築家に投げかけてくださいました。実は前川國男先生のプレモス計画にも経済的に加わっていらしたので、邸宅の一角にプレモスのモデルが残されていました。

それにしても、まだ実績のない私をプロフェッショナルな一人として認めていただいたことに私自身感激しました。そして、ご長男の住宅をセキスイと協力して開発してモデルをつくってはどうかと要望されましたが、技術力、開発力を持たない私をたてていただき、開発途上の軽量鉄骨造住宅の設計、監理を任されました。当時のモデルなので、いろいろとセキスイの協力をいただき、若い家族の要望で内装や設備は立派な仕様で完成しました。計画は小住宅でしたが、クライアントの人柄に圧倒され、晩年は日本の中小企業の発展のために政治団体までつくり活動を続けられた構想力の大きいクライアントから多くを学びました。

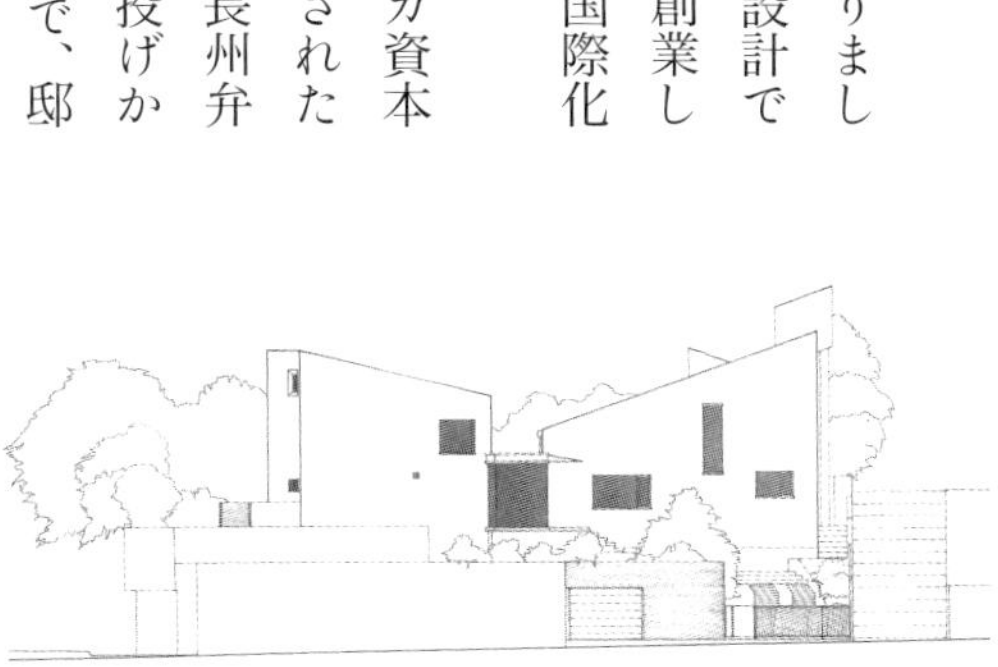

右／麻布Ｓ邸（一九七〇年）立面図
左／麻布Ｓ邸（一九七〇年）
［撮影］川澄明男
［プレイルームグラフィック］安東早苗

淡島ホテル

1991年

国立公園の中で特別に認められた宿泊事業地として開発された。島の北端にV字型に配置されたホテルは、駿河湾を前景にしてすべての客室とバルコニーから富士の秀峰を眺められる。西伊豆海岸の暖かい環境の中で地中海のように明るく伸びやかなデザインを望まれた。南欧的なインテリア・デザインはオーナーの永年の夢だった。

撮影(P38-63、カラー写真):井上 玄

西側全景

1階ラウンジと2階ギャラリー

再び病に倒れる

遠山邸が終ったころ、ニューヨークにいた時に無理をしたのがたたったのでしょう。左の肺に膿がたまったようで、北里病院で十時間にわたる手術を受けました。ちょうど長女が生まれたばかりで、これから仕事をしようとした時に足をすくわれたような気がしましたが、四カ月ほど手術が繰り返され、六カ月くらい入院しました。

周りの建築家たちがばりばり仕事をしているのに、一年近くも仕事ができないのは、気が焦りましたが、ここは大悟療養に徹底しました。その間 Jr. A. P. Sloan 著『GMとともに』を読了したことだけが印象に残っています。でも、私の左側の肺は今でもほとんど機能しないにもかかわらず、それ以来病気らしい病気をしたことがないのです。

モルモン教、一連の仕事

「設計図一式をいただければ、施工一切は教会員が自営建築する」。モルモン教のプログラムに一度は受託を躊躇しましたが、小規模のRC造でもあり、教会堂の信仰と自信の強さに動かされました。建築の経験の全くない素人の施工には、リスクと同時に教育と管理能力の修得が必要でした。しかし、建築自営で十件ほど乗り切ったのです。

しかも次第に構造や設備の技術が進み、やがてマネジメントも難しくなって請負会社に施工を委ねる結果となりましたが、北は旭川から南は沖縄までその土地とコミュニティに適応した建築ができました。建築の持つ社会的なインパクトを事務所の若い建築家とともに学べました。

末日聖徒キリスト教会
横浜ステーキセンター（一九八一年）

一九七〇年の万国博覧会にはモルモン館を設計監理し、そして最後に東京広尾に教会のアジアのセンターとして東京神殿を設計監理して、モルモン教会での建築家としての役目を終えることができました。

長田庄一さんとの出会い

長田庄一さんとの出会いは、目黒の柿の木坂に建つ大きな住宅の設計でした。長田さんは山梨出身で、戦後さまざまなビジネスを経て東京相和銀行を築いた人です。府立六中の先輩で建築家柳英男さんが、自分は手いっぱいで設計ができないからと、長田さんを紹介してくれたのです。敷地は二五〇坪、延床面積一一〇坪の、傾斜地に建つ大きな住宅です。最初は鉄筋コンクリートで設計していたのですが、途中で銀行の専務から社長になり企業イメージと自制も持たれたのでしょう、設計変更して木造に切り替えました。

長田さんは、この住宅を非常に気に入ってくれて、政財界の著名人を招いてさかんにパーティーを開きました。それから東京相和銀行の支店の新築を設計するうち、いよいよ本店を建設することになった。今までの銀行にはないものをという意向で、支店はデザイナーの石井幹子さん、国東照幸さんや栗辻潔さんと協働して斬新なものにしたのですが、やがて赤坂本店の設計もアートワークを取り入れて本格的なものにしようということになりました。

本店の敷地は変形で構造的に工夫が必要でした。長田さんの意向で構造、設備の部分を協力してもらったのが、当時一五〇〇人ぐらいの大きな事務所である野生司建築事務所です。アートワークは、中村錦平氏の陶壁や、サン・モトヤマなどの画廊を通して購入した絵画を入れました。これ

柿の木坂長田邸（一九七〇年）
［撮影］川澄明男

新和赤坂ビル（一九七四年）
［撮影］川澄明男
［照明］石井幹子
［タピストリー］国東照幸

洗足の家

1985年

この住宅の周りは塀で囲まれたやや閉鎖的な住宅が多いので、北側の車道に対しては、2階建の外壁が孤をえがき柔らかく親しみのある外部空間を提供している。

2階のリビングルーム

は私が日本の画廊と協力して絵画、彫刻と建築を統合した空間を実現できた最初の作品となりました。

この仕事を通じて、私たちのような小さな事務所が構造、設備の専門家を内部に抱える必要はなく、私たちがデザインに責任を持ち大きな事務所と協同してやっていけばいいのだということを経験しました。私たちが建築家、インテリアデザイナーからゼネコンの設計者までネットワークを築き、協同コラボレーションとして技術デザインの視野を広げ、力をつけることができるということなのです。

長田さんは、甲州の山に育ち、自力で独立した銀行家というより事業家アントレプレナーとして自信と野心をお持ちでした。理想の事業を求めて、富士エースゴルフクラブ、淡島ホテル、富士エースホテル事業を展開し、私もその設計の委嘱を受け、特に淡島ホテルには特段の想い出があるプロジェクトでした。

東京相和銀行（一九七八年）
［撮影］川澄明男
［構造・設備］野生司建築事務所
［照明］石井幹子
［レリーフ］中村錦平
［彫刻］安田侃

淡島ホテル計画

淡島ホテルは西伊豆・内浦湾に浮かぶ周囲2キロメートルの小島に建設されました。この島は環境庁により国立公園として宿泊地指定を受けていて、島の先端のV字型の土地は富士山に面しています。この地に高級ホテルを計画するに至った経過に、実はクライアント以外に、あるホテル経営者との邂逅がありました。その経営者ロバート・バーンズ氏は香港リージェントホテルの所有者でもあるが、淡島の地を訪れた時、まさにリゾートホテル最適地であることを指摘しただけでなく、自ら客室のプラン――居間と浴室が富士山に面し、寝室が奥に入っている案――を描いて私に送ってきてくれました。
また氏からはホテルのサービスについても建築家の気付かない数々の教示を受け、彼の申し出た合弁ホテル事業こそ実現しませんでしたが、リゾートホテルの本質を学ぶことができました。彼の進言に従って、長田さんと世界のリゾートホテル行脚が数年間も続きましたが、世界中の評価を得ているホテルの特長とディテールを集積すればリゾートホテルができあがるわけではなく、むしろ設計の原則や活力を損なうことになりがちです。この設計プロセスでは時にはクライアントとの軋轢も生じましたが、その多くの場合は結局クライアントの譲歩で信頼を強めることができた幸運な例でした。

私もスケッチを持参し何回も香港のバーンズさんを訪ね、実に懇切なプログラム上の指導を受けました。この点に関しては全く実績のない私でもバーンズさんとフェイスツーフェイスの協議を重ねるに従って、設計の前途に自信を持つに至った。建築の面でも大成建設設計部の乙武賢二さんの協力と献身的な作業はもちろんのこと、ことにインテリアデザインについてはパリ在住の本野千代子さんに家具の選定と購入を任せた。当時日本のホテルのインテリアの多くはアメリカなどアングロサクソンのデザイナーが受け持つことが多かったが、本野さんによるフランスのデザインの伝統はナイフ、フォークからリネン類にまで生かされ、見事にホテルの設計になじんでこのホテル計画の特長になっています。

クライアントと建築家の関係は業務的な契約で結ばれていますが、本来お互いの信頼でつながるべきものです。今や市場資本主義になって、建築が芸術の世界とバランスのとれた関係が薄れ、建築はインダストリーとなり投資の対象になる状況です。長田さんには銀行業務の進展で余裕のある時代が続き、長年にわたり数多くの業務を受注したことで相互の依頼関係も生まれました。

右／一九七五年、アテネのバーにて
左／一九七五年、ギリシャ・エジャイナにて

南側の庭と松
（洗足の家）

3階バルコニーから
リビングルームを見る
（洗足の家）

私は長田さんのバンカーとしてよりも強烈なアントレプレナーの気力に深く傾倒していきました。しかし、銀行が不運にも整理されても、長田さんの企業家のスピリットはかえって強力に再生されたと思います。やがて、建築が投資の対象となって、アントレプレナーの精神が歪み危ない状況に落ち込む時、お互いの信頼関係にひびが入ることは全く予想していなかったのですが、この十年、信頼の言葉を交わすことができずに、亡くなられて残念でなりません。東京相和銀行は一九九七年の金融再編で、整理されましたが、ホテルやゴルフ場の事業は今も継続されていますし、特徴のあるインテリアデザインのホテルを訪れてみると、管理の難しさをみて何か恩返しができないかと考える近ごろです。

一九七五年、アブダビの空港にて

友人金壽根とコラボレーション

金壽根《キムスグン》との出会いは、一九五三年朝鮮戦争が終る直前のことでした。私の住んでいる洗足には、米軍に接収された大きな家がいくつもありました。そのうちの一つ、韓国銀行の駐在員に家を貸していた家主の女性からの紹介で、ソウル大学で建築を学んだ建築家志望の韓国人青年が訪ねてきました。金壽根です。朝鮮戦争から逃れて身一つで日本にやってきて、韓国銀行の友人のところにころがりこんでいたという。会ってみると、「日本家屋のつくり方と韓国とはこう違う」と、さらさらっと絵を描いたり、その絵のとても力強い筆使いに感心しました。大学留学先の選択について相談に乗り、いろいろな事情で早稲田を諦め、彼の芸術的デザインの才能を知った私は東京藝大を薦めました。その後の話では、吉田五十八先生が「あいつは面白い男だ」と言われて、藝大に見事合格したと聞いています。金さんは、藝大では宮脇檀さんの同級生で、私が渡米している間に東大大学院に進学しました。東大の仲間と一緒に韓国の国会議事堂コンペに参加した金さんは、一等になり韓国に戻りました。しかし、日本のチームだという理由だけで、金さんは外されたのです。失望した金さんでしたが、韓国の実力者である政治家に推されて、三十代でエンジニアリング会社の社長になってしまったのです。

このエンジニアリング会社の仕事の一つが、今話題の清渓川の高速道路で、東京のハイウェイが既存の水路の上部を利用した例にならって設計したと言われています。今の大統領李明博が高速道路を取り除いて清渓川を市民の憩いの公園として復活させたことは、いろいろと金壽根との縁を感じています。実は、私がアメリカから帰国して再会するまで十年の時間がありますが、その間SD誌の長谷川愛子さんが私と金さんの再会を計らってくれ、金さんの事務所、空間社《コンガンシャ》の新築祝いに、藝大の方々や村田さんなどとオープニングに出席したのが、私の初めての韓国訪問でした。数年前ですが、七〇年代に入ると彼はイランの大規模な住宅コンペで勝ち、当時の韓国建築家のリーダーになりました。金さんは、当時ソウルには文化的な施設がなく、韓国の文化施設を建築家の力でどこまでレベルアップできるかを考えて、小さいけれども演劇や音楽のためのホールを設計事務所の階下に自力でつくりました。また、日本の建築雑誌『SD』に触発されて、韓国の総合芸術雑誌としての使命感のある雑誌〝空間〟を創刊した。韓国を代表する文化人の一人として米国タイム誌の記事には〝まさにルネサンスマン〟と評価されました。

私たちと外国建築家とのコラボレーションは、個人的にきわめて親しいその金寿根との設計協力から始まりました。朝鮮動乱後、韓国に帰国して活躍していた金寿根は石油危機の頃、韓国の経済事情から、国策に沿って海外の業務に関わってきた。なかでも世界銀行などの資金融資を受けるプロジェクトについては、国際競争が厳しい中で、外国建築家との協同設計の業務の運営に

一九七七年、ソウル空間社で
右／金寿根夫妻と椎名秋子
左／金寿根、中村敏男、村井修

立正大学学園
大崎キャンパス再開発

1987―1992年

既存キャンパスの再開発であるが、新しいキャンパスを立体的に創造するチャレンジであった。キャンパスと周辺のまちづくりとの共生、学生の集うアウトドアスペースの創造、緑の導入、宗門のシンボルとしてのアートワークとの共存などキャンパスを若々しく再創造した。

研究棟

地階石橋湛山記念講堂
階段、ホワイエ
モザイク壁画：野見山暁治作

精通していた。代案を数多く提示して、それぞれの評価を客観的に説明しながら、自らはベストと信ずる案を最終的にはクライアントに説得する戦術は、金寿根との協同から学んだことのひとつです。

大阪万国博以降は彼の日本での業務も増え、東京仙台坂韓国大使館公邸のプロジェクトで、初めての私たちのコラボレーションが実現しました。大使公邸のデザイン、インテリアは韓国伝統建築のスピリットを現代の大使公邸機能のなかに実現することであり、私たちは韓国文化、歴史、建築芸術の研究のために、金寿根の指導のもと視察研究旅行をたびたび実行しました。お互いに現代建築のモダニズムを共有することは容易でも、韓国の伝統的建築工芸の細かいディテールにおよぶ設計の過程では金寿根の強い個性と伝統についての深い造詣を受け入れて進めることができました。この大使公邸では、モダニズム建築に無縁な朝鮮文様の伝統的木造ディテールなども採り入れ、中庭のコンクリート壁を小タタキにはつって文様を刻み、北斗七星を白磁の壷に託して配置しています。

その後韓国アジア選手権選手村コンペにも参加して入賞することができました。画一的な建築の配置を排して、高層を敷地の奥に、中層から低層へと街路に向かって高さを調整しながら、中、低層建物に囲まれた変化のある中庭をつくるアイデアも、金寿根との協同の成果でした。

金さんは、ソウル・オリンピック主競技場をはじめとして多くの施設を設計しながらも、オリンピックの開会に間に合わず、惜しくも五十六歳という若さで亡くなりましたが、空間社は今や二百人を超える設計事務所として発展しており、『空間』誌も、国際的な建築雑誌として発行を続けています。

右／大韓民国大使公邸（一九八〇年）
［撮影］村井修
左／韓国アジア選手権選手村
椎名スケッチ（一九八三年）

二人のクライアント、本田宗一郎さんと藤沢武夫さん

ホンダ創業者である本田宗一郎さんのパートナー、藤沢武夫さんが東京相和銀行役員階を訪れられ、本格的な接遇のできる空間とアートワークの展示を評価されました。そしてホンダ青山ビルの基本設計のコンペに推薦していただいたのです。幸いにも私たちの案が採用されましたが、私の事務所の経歴と技術力が役員たちの消極的な評価にあってしまった。社内の意向が定まらない時、藤沢さんが「建築は技術ではなく、芸術的な感性のある建築家が望ましい。技術の不足はホンダの技術陣が協力しろ」と発言された。私にとっても高層の本社ビルの経験はなく、設計の現実的な諸問題に直面し、私も技術力の補強が必要であると考えました。むしろ積極的に長年ホンダの研究所・工場の設計を続けてきた石本建築事務所と土地を周旋した間組と協同設計体制をつくり、私が設計の総合責任を負うことになりました。私がデザインの主導体制をとることができれば本田さんと藤沢さんに応えられると覚悟しました。こうして、一つの設計協力のチームをつくることが私の問題解決の主題となった。その協力作業については、本書の中で当時の関係者の座談会などの率直な評価を参考にしていただきたいと思います。

藤沢さんは役員階のアートワークに特別関心があり、すでに退任されていた創業者の本田さんも重要なポイントについて発言をされた。当時熊本のデパートの火災があり、死者が建物の四隅に集中していたことから、本田さんは避難階段を安全のため建築の四隅に設けることを指示された。青山一丁目の交差点で東宮御所の方角に避難階段は無理なので、バルコニーを建物二面に連続的に設けて了解していただいた。前後五回、直接本田さんとの協議で三回徹底的にこっ酷く叱

一九八一年、椎名事務所にてホンダ青山ビル模型を囲んで

プラザ
（立正大学学園大崎キャンパス）

石橋湛山記念講堂
（立正大学学園大崎キャンパス）

られ、二回は「これで日産に追いつくぞ」と喜んでいただいた。創業者である藤沢さん、本田さんからの直接の言葉は忘れることのできない強烈なインパクトでした。建築家がクライアントから学ぶ貴重な経験が私の建築家としての自律を支えてくれたことを感謝しています。

立正大学学園計画と日蓮宗

立正大学学園は永い歴史を誇る日蓮宗の学舎として、品川大崎の丘と熊谷の二ヶ所にキャンパスを持っています。私たちが大学から熊谷校の図書館の設計を依頼されたのは、大学理事石橋湛一さんの推薦によりますが、熊谷校舎はすでに六〇年代に槇総合計画事務所のマスタープランで教室棟や事務棟などが建築され、建築学会賞受賞の作品です。

大学の図書館はいまだ開発途上の計画の一つであり、槇プランに支障のないように、かつ視覚的にもフォーカルな場所に主要な軸線から少し外して計画されました。図書館の設置位置については槇文彦さんを訪れて承諾をいただきましたが、現在では図書館と教室棟の軸線の空間には小川と桜と芝生の緑のスペースに学生が集い語るプラザがうまく整備されました。

その後大学大崎校の再開発のマスタープランの検討に参加しました。新旧校舎に囲まれた中央に二層のプラザをとって東側の峰原坂からのメインアプローチの階段をつくり、メインゲートとしてアショカ・ピラを通ってL字型平面のプラザをつくっています。教室棟、研究棟とプラザを囲み学園開校時の名残りとして時計塔を復元し中央に配置しました。

また立正大学学園の縁で、日蓮宗宗務院関係の若い僧侶の研修所である学寮を杉並の妙法寺境内に建築し、千葉鴨川にも日蓮との花房蓮華寺などの計画がその後も続いています。日蓮宗とモ

右／立正大学学園大崎キャンパス（一九九二年）プラザスケッチ
左／花房蓮華寺（一九八四年）
［撮影］川澄明男

ルモン教会は共に宗教法人で、宗旨は全く違っても布教活動も盛んな公益団体であり、建築で祈りの空間をつくる仕事の尊さも貴重なプロフェッショナルな経験でした。

彫刻家安田侃

淡島ホテルの造園に彫刻を求めて長田庄一さんと欧州視察旅行中にローマの街で出会ったのが、彫刻家安田侃さんです。その後彼の作品をゴルフクラブ、銀行本店ロビーに設置して建築と彫刻のアンサンブルをつくることができた。その間彫刻家のメッカである大理石の宝庫ピエトロ・サンタにアトリエと居を定めた安田さんは近辺のカラーラの大理石を素材として世界的な彫刻や鋳造をつくり、市民からもマエストロと呼ばれイタリアでの名声と高評価も得られた。東京フォーラムの中庭にも、選定委員会で決定した白大理石の一点が周囲のガラスと金属のカーテンウォールと欅の緑の中で、まさにところを得て設置されています。

安田さんの大理石の彫刻が丸の内近辺の高層ビルのプラザに数多く採用されたのは、白い大理石を削ぎ落として出来る彫刻の温かく親しみやすい形が都市空間の中でしっかり調和し、彫刻と建築のなじみの良さにあると思います。札幌の街頭に、そして生まれ故郷の北海道美唄の〝アルテピアッツア〟公園を自ら造園し、またモエレ沼公園ではイサム・ノグチの彫刻に協力しています。安田さんのイタリアでの活躍は美術界を越えて社会的文化的にも誇らしい業種として評価されています。ミラノ、トリノ、フィレンツェ、シエナそしてローマの古い街並みの既存の歴史的建物の重さに拮抗して設置された彼の彫刻のほとんど全てを視察旅行してきた私の思い入れもあって、友人として喜んでいます。

一九八〇年頃、ピエトロサンタの工房で安田侃と

大京町の家

2005年

敷地は新宿御苑に近く、既に周囲は高層アパートに囲まれていた。設計ではむしろ平屋建てにしてロの字型プランで構成し、食堂、居間からは2つのコートヤードと前庭の3つのグリーンスペースが有機的、開放的に結ばれている。

居間・食堂から
庭とコートヤードを見る

東京国際フォーラムとラファエル・ヴィニオリ

一九八九年、東京国際フォーラムの国際コンペが実施され、南米ウルグアイ生まれのニューヨークの建築家ラファエル・ヴィニオリが当選しました。東京国際フォーラムのコンペには私は参加できませんでしたが、四百点近い応募作の中で、ヴィニオリの案は、断然一等だと感じました。あのコンペは、ほかに例のないＵＩＡが主催する世界的な公開コンペをＪＩＡが推進してきたものです。たまたま私はイタリア旅行中でミラノのホテルに丹下先生から直接電話をいただき、「ヴィニオリのフォーラムに協力できないか、早急に帰国してほしい」とのことでした。ヴィニオリが受賞式で来日するというので、日本側の共同設計者を決めなくてはならない。海外経験や日本での実績が考慮されたのか、私に白羽の矢が立てられたのです。帰国の日に成田から直行した赤坂プリンスホテルで、東京都関係者が同席し丹下健三氏の紹介でヴィニオリに初めて会いました。

正直なところ面識もなく少々不安な点もありましたが、構造、設備設計、舞台、音響などの協力者選定の過程で両者の考え方に相違がなく、また設計契約協議の時点でのヴィニオリの確信に満ちたプロフェッショナルな説得力に感銘して協同をお引き受けすることになった。

早速彼に招かれてニューヨークの事務所を訪れました。ヴィレッジにある珍しいサリバン設計のビルは建築家事務所にふさわしいアトリエでしたが、その晩彼が自宅で開いてくれたパーティーには多くの共通の建築家友人が集まってくれました。コンクリン、ロサント、ショージ・サダオ、ポルチェックなど旧友が大いに語り飲んでまるでニューヨーク時代の生活に戻ったようで、

一九八八年、フィレンツェからのはがき

そこでヴィニオリとの協力体制を組む決心を固めました。

さっそく設計態勢づくりに取りかかりましたが、当時私の事務所は十数人。大手事務所の協力がほしいところですが、好況でまったく手が足りない状態でした。結局、北代禮一郎さんの現代建築研究所の協力と、ヴィニオリ事務所から派遣されてきた佐藤尚巳さんとでチームを組みました。佐藤さんは、東大からハーバードで学びヴィニオリ事務所に在籍していたのです。次に、東京都とヴィニオリ事務所の契約と、ヴィニオリ事務所とわれわれの契約をしなくてはならない。いずれも難儀な課題でした。

設計のピーク時には百名を超えるチームを構成するコラボレーションが実行されました。突然の大人数の事務所の構築については佐藤尚巳さんのマネジメントなしではできなかったと思います。競技設計でもあり基本設計から協同作業がスタートしましたが、私たちも数名のスタッフがＮＹに出張し数ヵ月滞在するなど、チームの協同は理想的に進行しました。デザイン上は、ほとんど全てが徹底的にモデルで検討されたヴィニオリの提案によるもので、私たちのデザイン上の主な提案は限られたレベルにとどまっています。ヴィニオリの定宿はホテルオークラで、完成までニューヨークから百二十四回やってきました。夜十時頃やってきて二時ごろまで食事もせずに現場事務所で打合せ。とても体力が持たず私はついていけなかった。この規模のプロジェクトになれば、建て主側の東京都や施工会社と、数多くの設計コンサルタントとのコーディネーションが複雑多岐にわたり、時には難しい問題も出てくるものですが、煙のうちに早く解決するのが私の役目となり、ヴィニオリに「ファイヤーマン・マサオ」と呼ばれることになりました。そのコーディネートは、公共工事の設計監理マネジメントの主要な課題だったと思います。

このプロジェクトは六年にわたり、その間、協同者として建築家ヴィニオリとの信頼の確立は

一九九〇年、ニューヨークにて
ラファエル・ヴィニオリ

南側の庭から
食堂を見る
(大京町の家)

西側の庭から
廊下をとおして
中庭を見る
（大京町の家）

年を追って強固なものとなりました。また基本設計案が度重なる試行錯誤により、ダイナミックな解決を見せていくそのプロセスは、まさにヴィニオリの強靭なモダニズムの設計理念がすみずみまで貫かれた成果といえます。協同者としてこのプロジェクトに深くかかわったことを誇りにしたいと思います。

去年二〇一一年UIAの大会が東京で開催されました。多忙なヴィニオリもドバイからかけつけて、フォーラムの建築関係者総勢七五名が集まってヴィニオリを迎えてリユニオンのパーティーを開きました。東京フォーラムの竣工後一五年経ってもメンテナンスの良さを高く評価して、クライアントのフォーラム役員とも同席して旧友を温めたのでした。

設計に約一年半、工事に約四年を費やしました。一九九〇年から一九九六年の間、私の事務所の仕事の流れはフォーラムの仕事が中心になったのが正直なところです。しかし、私の事務所の誰もが忘れ難い経験をしたと思います。

建築家というものは、いつでも陽の当たるところで脚光を浴びて舞台に立つというわけではない。でも、共同設計ということで、どんな成果を得たかは記憶として確かに残っている。これがコラボレーションということではないでしょうか。

岸田日出力先生門下の郭茂林さんとは、村田事務所時代に結核診療所を東大研究室と共同設計した時に出会いました。その後、霞ヶ関ビルの日本での超高層ビルの設計者として台湾の建築界にも多大の実務を残されました。台北では三越の入居している新光人寿本社の高層建物のデザインでコラボレートしました。コラボレーションは海を渡って台湾にも展開することになりました。

台北新光人寿大(一九九三年)
[設計]KMG建築事務所
[設計協力]ARX建築事務所

順天堂醫院

順天堂練馬病院も理事の方が淡島ホテルにこられて案内したことがきっかけでした。清水建設設計部が実施設計をしていましたが、監修として参加しました。アプローチやインテリアなど変えられる部分は、大きく変えました。監理も清水建設設計部と協同で行いました。完成して病院を訪れる患者からも評判が良いと聞いています。それが現在の順天堂醫院御茶ノ水再編につながっています。このように、川の流れのごとく、仕事と仕事、クライアントとクライアントがつながるのです。

順天堂醫院のプロジェクトもそうですが、感性に頼るデザインの部分は建築家が行い、病院などエンジニアリングの部分が多いのでそこは大手が担うというのは、リスクを分散させる一つの方法だと思います。ことに専門性の高い建築の設計には合理的な設計手法の一つと考えられます。

契約というものは、一つ一つ違うものであり、同じものはありません。特に大きなプロジェクトでは、さまざまなケースがあるわけですが、まずクライアント、設計者や施工者など、ステークホルダーの責任を明確にしなければなりません。そして、建築家の立場が尊重されるよう整理して、クライアントの問題解決をはかる手腕が、建築家には必要だと思っています。良いクライアントと公平な依頼関係を築くためには、私たち建築家の側も社会や経済に対するしっかりとした視点や素養を持たなくてはならないと思います。

右／順天堂練馬病院（二〇〇五年）
［撮影］エスエス東京
左／二〇一二年、順天堂御茶ノ水計画デザイン打ち合わせ

個人住宅から
コーポレイト・ビルディングまで

個人住宅の設計を依頼される筋道は様々ですが、ほとんどが私の住宅作品や仕事を見て来訪されます。松屋フーズ創業者である瓦葺利夫さんも淡島ホテルを見て、石神井の自邸を依頼されました。住宅の機能を超え、夢に描いた住生活の幅を広げソーシャブルな新しい空間と静かな思索の空間の総合を実現できました。

自邸が完成し、本業の牛めし屋のプロトタイプとしていくつかの店舗の設計もお手伝いして業績が伸び、三鷹に本社を計画された。建築は主だった設計事務所のプロポーザルから私達の案が採用され、駅前の住宅地を背景とした広場に面した、都心の事務所ビルに多いガラスとアルミのカーテンウォールとは違って、テラコッタをカーテンウォールに組み込んだ設計とした。テラコッタの温かいベージュの色彩が広場の銀杏や欅の緑とよく馴染み、殊に西面している関係上、夕刻の外壁の色が変化する美しい都市景観となっています。

私の建築設計は、どちらかといえば個性の強いクライアントが多く、触発され教えられて文字通り特殊な問題に対して特殊な問題解決がデザインの基本でした。この数十年来少なくとも五十件以上の住宅を設計してきましたが、クライアントは一人一人思想も価値観も異なりそれぞれ独特の課題を抱えてこられる。特殊解の連続ですが、完成後も上手に住みこなしていただく方が多かったのも大変恵まれていました。この個人住宅の延長に、かなり商業的価値の尺度の厳しいリアリティーに悩まされた集合住宅がありますが、どれも建築設計の価値と評価を積極的に考慮していただいたクライアントと同じ土俵で力を出し合った思い出も忘れ難いところです。

一九八九年、元麻布ガーデン
［撮影］川澄明男

日新工業本社ビル（一九九一年）
［撮影］川澄明男

あらゆる技術や感覚の凝集した住宅の設計は、建築家として計り知れないほど貴重な経験と修練になり、クライアントとともに喜びを分かち合うことができました。まさに建築家冥利です。

私と建築家協会

日本に帰国すると、府立六中の先輩、柳英男さんに建築家協会のために働きなさいと言われました。村田先生からも推されていつしか役員になりました。でも最初に重要な課題を出されたのは、一九七八年、公正取引委員会から報酬料率廃棄を迫られた件でした。その対策として、当時の建設省が委員会をつくり、設計事務所が建設主に対して請求できる設計料の基準を設けようとしていました。私は委員会の下に設けられたワーキンググループに入り、藤本昌也さん、北代禮一郎さんや建設会社の設計部のメンバーも加わり請求できる設計料の案をつくりました。

その結果が建設省告示一二〇六号になるわけですが、私が一番失望したのは、建築家協会の中にも、報酬はお布施でいいんだよと言う人がいたことです。それでは近代的でないし、私たちはこれだけの仕事をするのに、どれだけの人力と時間がかかるかということを示そうとしたのです。私の意見では、その報酬だけでは不十分でその上利潤が必要であり、それを再投資して事務所を運営していくわけです。

その利潤ということが建設省にも、肝心の建築家協会内部にも理解されなかったのには、まったくがっかりしました。

アメリカの設計事務所の場合、人件費に間接経費を加えるとコストは人件費の二・五倍から三倍かかり、プラス利潤を加えて報酬を算定します。

REI東京フラッグシップストア（二〇〇〇年）
［設計監理協力］MITHUN PARTNERS INC
［撮影］堀内広治

建築家が公的な仕事をするにしろ、私企業の仕事をするにしろ、コストプラスアルファが必要です。もちろん、利潤のために建築家は仕事をするのではなく、クライアントに依頼されて仕事を始めるわけですが、コストは客観的に数値化できるものなのです。

結局告示では、すべてが経費とされ、利潤という概念は認められませんでした。それは、経済人の常識からすると奇異なものに映るようです。

そのほかにも、日本では理解されにくい報酬上の概念があります。なぜダンピングしてはいけないかというと、ある一人のクライアントからは通常の報酬で仕事を受け適正な利益を得ていても、一方で他のクライアントには安い報酬でもいいとなると、前者のクライアントからの利益で後者のクライアントの損金を埋める、まことにフェアでない仕事になるからです。このフェア・ディールという考え方も日本ではなかなか理解されにくいのです。

もうひとつ、理解されにくいのが、コンフリクト・オブ・インタレストという考え方ですね。クライアントと施工者の利害は非対称の情報の中で対立するわけで、建築家はどのような立場で仕事をするのか明確に開示しなくてはなりません。アメリカでは、コンフリクト・オブ・インタレストは、生活のあらゆる場面で一般的にすぐ会話に生かされる。高校生でも話題にする言葉なのです。

コンストラクション・マネジメント（CM）という考え方が入ってきた時も、建築家としてどう考えていくべきか、私が担当して勉強会を実施しました。そういった海外から導入された業務や契約関係のことは、私も少しは勉強してきました。

一番町マナーハウス（二〇〇一年）
［撮影］川澄明男

神山町Ｎ邸（二〇〇〇年）
［撮影］堀内広治

前川國男先生、松田軍平先生と建築家会館バー

建築家同士の集まりと活発な論議を聞くことのできる建築家会館バーが閉じて久しい。建築家「処士横議」の場を意図して建てた会館の実質的な創業者と言うべき前川先生・松田先生が残してくれた言葉をレガシーとして記憶しておきたい。

松田先生からは「椎名君、建築家事務所は銀行から借金をしてはいけないよ」という教えをいただきましたが、どうしても経済の厳しい状況で私も最近では守れずにいます。ほかに「支店は持ってはいけない」「営業に飛び回ってては駄目だ」と厳しい意見も直接いただきました。

前川先生からは、青山一丁目交差点のホンダ青山ビルが完成間近な時、私は会社名のロゴサインを実物大にして壁面に取り付け数日間検討を重ねていましたが、最終的にホンダの役員の意見や本田宗一郎さんの意向を忖度《そんたく》したのでしょう。ロゴサインの取り付けを取りやめにした時、毎日車で通りかかりご覧になっていたのでしょうか、家協会のバーで「君、いろいろ迷っていたようだが、やめてよかった。おめでとうだ」と言葉をいただきました。そんな先輩たちからの話がきけて、海老原さん、圓堂さん、柳さん、北代さんの面影が残っているバーはどうしても復活させたいと思います。

JIA初代関東甲信越支部長に

日本建築家協会と日本建築設計監理協会連合会が一つとなり新日本建築家協会（JIA）が発足

したのは一九八七年のことです。それまで設計監理専業の設計事務所の団体として県単位で設計監理協会ができていたのですが、建築家協会と重複して入っている場合も多く、また健全な建築家の団体をつくるためには、会員数も必要だということで、新日本建築家協会を結成することになりました。初代会長に丹下健三さんが就任することは、異論なく決まりました。それまで、私は建築家協会にずいぶんコミットしていましたので、なり手がなかった新日本建築家協会の初代関東甲信越支部長を引き受けたという次第です。

当時の議論では、アメリカの建築家協会は七、八万人会員がいるから日本での会員数は二、三万人にしたい。二万五千人会員という話はよく出ていましたが、実際には七、八千人が最大で今や四千五百人です。

一九七四年、ＪＩＡ軽井沢大会にてコンストラクション・マネジメント（ＣＭ）勉強会で講演

建築家資格問題と海外調査

林昌二会長時代の一九九〇年、林会長の呼びかけでＪＩＡ国際交流基金つくることになりました。外部には頼らずに会員から募り、二億数千万円が集まりました。林さんにはバブル景気の中にあり、建築家は景気よくビルばかりをつくっていてよいのかという考えがあって、建築家はどうあるべきか、その資格や業務の実態を調査をしようということになりました。林さんから調査委員長に指名され、橋本喬行さんや山本浩三さんと海外調査団を結成したのです。

第一回調査団の報告書が完成し、林さんの意見で、建築界共有の問題提議の場として、日本青年館にて客席満員の報告会を行いました。

この調査では、建築家をめぐる資格や制度は、日本と諸外国はまったく違うけれども、欧州の中でも相当違い、それぞれが独自性を持っていることがわかったのです。例えばオランダの建築家協会では、一九八六年にEC建築指令というものが出されていることを知りました。しかし、それにはEC共通の建築家の資格や教育が示されているのです。なかでも大学教育にはエラスムス計画があって、EC各国での大学の単位が相互承認されるというものでした。つまり欧州では、国境を越えて、人、モノ、カネが動く時代になるということです。

鬼頭会長の元で副会長に

林会長の次に会長になったのが鬼頭梓さん。鬼頭さんは私が先輩として尊敬するメンターであり建築家職能の指導者でした。私は鬼頭さんが建築家資格の問題に取り組んでいく明確な指針を任された。EC建築指令で示されているのは、四つの卵と呼んでいるのですが、建築家資格の要件には、教育、実務訓練、資格認定、継続研修の四つがある。これらを一つ一つ片付けていきましょうということになりました。

建築家の資格については、今までのように建築家協会の中だけで検討しても評価を受けないので、建築学会、建築士協会、建築士事務所協会、建設省、建築教育普及センターに、海外調査のレポートを持参し、呼びかけたのです。

一番関心を持ってくれたのが、建築士試験を実施している建築教育普及センターです。それから、大学の先生にも熱心な方があり、建築学会では大学教育と資格に関する委員会が創設されたりと反応がありました。ところが、建設省が建築四団体のコンセンサスを取り付けてきてくれればわれわれは動くよ、建築家の国家資格をつくるよ、と、こう言い出したのです。

一九九一年、オランダ建築家協会本部にて（JIA海外実態調査）橋本喬行、安田雅子と

私たちは、非常に失望しました。ＥＣ建築指令には、四つの卵があって、といくら説明しても、そのほかの団体の反応はきわめて悪い。ついには、鬼頭さんが、「椎名君、これはとても無理だね。建築家協会が自分たちの資格制度をつくろう」と方向をシフトされました。国につくってもらうのではなく、官に仕えることのない処士として社会に通用する資格制度をつくろう、会員のためだけでなく、意志のある実力のある人ならば、会員でなくても認めようというつもりで登録建築家制度をつくったのです。ところがいまだ現実は思い通りにはなっていません。現在、他団体と名称だけ統一して統括建築士という資格をつくろうとしていますが、賛成できずにいます。第一、どうやって英語に訳せばいいのでしょうか、国際的にも通用するしっかりとした制度を自分たちでつくろうというのが最初の主旨なのですから。

どの国をみても、建築家資格制度は問題をかかえています。われわれも問題に対して対決するだけの勇気と忍耐を持たなくてはなりません。ＵＩＡ大会が終ったのだから、チャレンジしてほしいですね。

建築家だけではないのですが、日本の場合まだまだ終身雇用制が根強いですね。私たちが考えた建築家資格制度は、個人に属するものであって、所属先に付与するものではありません。今後、建築家の働く場所は限りなく広がっていくものと思われます。アメリカでもヨーロッパでも、家具やカーペットを扱う会社に建築家がいたり、デベロッパーに勤めていることもあります。だからといって建築家の資格を剥奪されることはない。ただしコンフクリクト・オブ・インタレストで利害の衝突が生じたときには、自分の立場を明確にさせることが求められるわけです。

また、次の世代では国境を越えて建築家の仕事は広がっていくでしょう。われわれは、次の世代に向けて制度をつくっていくべきだと思うのです。

ところで、ＪＩＡは法人格の移行で、公益社団法人を選びました。これには私は危惧がありま す。私もそうですが、建築家は公共建築だけでなく、私企業や個人の仕事をしています。むしろ私益のために泥まみれになって戦う中からしたたり落ちてくるのが公益であり建築家の貢献であるはずなのに、官のために働くことが公益だという印象を与えかねない。それでは建築家のプロフェッショナルは成り立ちません。

もう一つは、公益社団法人となることによって国交省の拮抗から逃れて内閣府に移ると言われていますが、建築基準法も建築士法も国交省が管理しているのですから、拮抗から逃れられるとはとても思えません。

建築家資格制度への提言「建築家の自律」

鬼頭さんから指示を受けて立ち上げようとした登録建築家の資格制度ですが、現状を見ると、本質的なところから離れてどちらかというと瑣末なところでの議論になっているような気がしますね。

これは、医師の世界でもそうですが、現在、診療科目が高度に専門化しています。でも、進んだ病院では、玄関のところにあなたの病気はここに行ったらいいのですよ、と差配してくれるデスクがあります。そういったコンシェルジュ機能が建築界に働いているかどうか。みんなわが島を守り、既得権を擁護するために汲々としているのではないでしょうか。

建築家資格の基本となる四つの卵の絵を描いたのは、一九九四年のことでした。この海外調査の結果を建築家協会の外部に普及しようとしたのですが、建設省も他団体も反応が悪かったのは、前述したとおりです。

そこで、役所に頼るのはもうやめようと、大方針転換をし、登録建築家制度を発足させました。その後は、若い人たちに譲って、進めていってもらおうと思ったのです。登録建築家としたのは、イギリスやアメリカにもレジスタードアーキテクト、つまり登録建築家という考え方があるのです。ＡＩＡ、アメリカ建築家協会に入っていないレジスタードアーキテクトも多数いて、ＡＩＡとは別にＡＩＲＡ、アメリカ登録建築家協会を結成している事実があります。

ところが、情勢が変わり、建築士会の専攻建築士制度が始まったり、国交省が耐震偽装事件以降、建築士法を改定して、構造一級建築士、設備一級建築士を創設したりと、複雑化し、ますます国民にとって理解されにくい仕組みになってしまいました。

ここで、本来なら、建築家協会とは別に、どういう場合にどういう資格者が必要なのか明確に判断する第三者的なシステムがあってしかるべきと思います。ところが、日本の社会経済の仕組みの中で、公平、公正な、独立した第三者制度というのは、なかなか理解されにくいのです。

ひとつここで申し上げたいのは、原点に帰ったらどうでしょう。資格は建築家だけでいいのです。アーキテクト、つまり、建築家という制度を説得できないとすれば、われわれの力不足です。まず、建築家というものの原点に戻ろうということには、誰も異存はないはずで、業態の設計専業、兼業を問わないのか、分けるのかは、次の細目の問題でしょう。

つまり、建築家にふさわしい「教育」「実務訓練」「資格認定」「継続研修」をクリアし、コンフリクト・オブ・インタレスト、衝突する利害の中にあってどのような立場で動くのか主張することができれば、所属は問われないというのが原則なのです。ことに建築家の職もモビリティーが必要になる時代がくるでしょう。

建築家の資格というものは個人とその資質の属するものなのです。ところが日本の社会の中で、個人というものは弱められてきた。大企業、大組織優先で、わが国が競争力をつけてきたという事実は認めるとしても、これからの時代は違います。どうしたら、日本で建築の設計をしている人の体質が強くなるかという気持ちで行動してもらいたい。建築家資格のシステムづくりにチャレンジしていただきたいというのが、今の私の願いです。

建築家の体質を強くするには、インターン期間が重要です。私がアメリカのSOMにいた頃の経験ですが、アイビーリーグの大学を出たエリートたちは、まず大規模で著名な事務所をめざすのですね。ただし、勤めるのは二、三年。それ以上いることはありません。三年も経つと郷里に帰って独立したり、経験をもとにステップアップします。その間、何を学ぶかというと、建築の社会性なのです。設計はデザインだけではないですよね。クライアントがどんな問題を抱え、どう解決するのか、弁護士や会計士といっしょに解決法を見い出すが建築家の力なのです。その力があれば、リュックサック一つで、世界のどこに行っても仕事をとって来て成功を収めることができる。日本でもそんな建築家の強い体質を若い人たちに身につけてもらいたい。

そういった能力養成は、大学ではなかなかできません。実務訓練で行うべきものです。大規模な事務所で大プロジェクトに参加した後に個人の裁量が利く小規模な事務所を経験してみたりと、さまざまな実務から自立した精神や強さ、リスクをとることなどを学んでいく。それは、建築家となるには重要なことです。建築家の責任と人格的な資質を鍛えるのが、実務訓練のあるべき姿だと思います。

こうした実務訓練を積む必要性については、どの建築設計団体も異論はないでしょう。各団体は独立した立場を保ちつつ、事にあたっては連帯していくフェデレーションは、次代育成から構築することができるのではないでしょうか。

（このインタビューは、二〇一二年二月十六日から四月十七日にかけて九回にわたり、椎名政夫建築設計事務所および建築家会館にて収録された。インタビュアーは小倉浩、西川直子ほか。テキストは西川直子が原稿化したものに椎名政夫が加筆修正を行った）

論考

文●椎名政夫

「JIA職能」と私

建築家資格制度を求めて
——10年のながれ

クライアントから学ぶ

コラボレーション

「JIA職能」と私

トロント会員

カナダ、トロントの市庁舎設計競技のニュースを知ったのは、一九五八年春、当時留学中のミシガン州の美術大学仲間からだった。大学の周辺の美しい郊外はサーリネンやヤマサキなど著名な新進建築家の事務所があり、野心と希望に満ちた若い優秀な人材が集まって、まさに建築家のコミュニティが形成されていたので、学生でもトロントのコンペに参加する雰囲気が教室にみなぎったのは自然の流れだった。コンペ参加の条件のなかで、建築家の資格とそれぞれの国の建築家協会の会員であることが要求されていたので、すぐに旧家協会の会員入会手続きをとった。入会の推薦者には村田政真・横山不学両先生にお願いして、当時唯一の通信手段であった航空便のもどかしい交信の不便な状況にもかかわらず、協会側に無理をお願いして異例の速さで手続きを終えていただいた。コンペは一ヶ月の作業で無事提出したが、当選案はフィンランドの建築家の作品で、円弧型平面の二つの事務棟に囲まれた外部空間が前面の広場につながる見事な構成のデザインが圧倒的な評価で実施案として採用された。私の提案は口字型平面の低層案で、水平のスーパーフレームが特徴であったが、始めて参加した国際コンペに落選して、入会に際して大変御世話になった両先生と事務局に何か申し訳なく思った記憶がいまでも残っている。協会のなかでは、このコンペ騒ぎで入会した人たちをトロント会員と呼んだそうで、私の他にもまだ数人の方がいるはずである。

ＳＯＭと職能

トロント会員の私は、市庁舎案を卒業制作に替えて、その年、夏のニューヨークで職を探すことになった。ジョンソン、ペイ、バーンズなどの事務所を訪ねているうちに、学生時代の友人高瀬さんから、「ミシガンのヤマサキに移るのでＳＯＭに来ないか」と誘いがありインタビューを受けたが、槇さん、高瀬さんなど日本からの建築家の評判が良いので採用するとのこと、有難い先輩たちの評価に今でも感謝している。ＳＯＭでの仕事、デザインのプロセスやプレゼンテーションなどについては別の機会に譲るとして、建築家の職能と業務についても、日本の事務所ではあまり縁のなかったマネージメントの一端をうかがうこともできた。当時のＳＯＭは米国東海岸の大学を卒業した優秀な人材がインターンのように実務修練として入ってくるのが特徴で、中にはローマ大賞を受賞したハーバート大学卒の若い建築家でも鋏とのりで紙の模型を半年も一年も続けるようなこともあった。大規模事務所とはいえ、全員で一五〇名、そのうち四〇名程度がデザイナーで、主要な計画は全て設計担当パートナーのバンシャフトのデザインで統括されていた。私の周りからはリチャード・マイヤー、ハリー・ウオルフといった代表的な建築家も輩出しているが、大規模の事務所にはなじまず二人とも数ヶ月で辞めて間もなく自立している。デザインの経験とは別に、デザインマネージメントの重要さも知ることになったが、資源の配分、労働時間管理など、まだコンピューターのない時代であったがデザイナーといえども組織のマネージメントにかなりしばられた。デザインに割り当てられた時間数を超えると、会計のうるさい秘書がやってきて注意するが、もちろんバンシャフトたち二、三人のパートナーの特別な業務は別格に扱われていた。また、いわゆるインハウスの技術者はほとんど在籍せず、外部の専門家をプロジェクトやクライアントの状況に対応してベストの協力者を選んでいる。この他にも、法規や火災保険専門家が早い時期に参加して、火災保険利率を説得できる範囲に押え込むために設計に口を出す。一九六〇年代はアメリカの建築の黄金時代の一つと言われた時で、ＳＯＭ事務所の製図板はほとんど全部コーポレートビルディングで占められていた。従って、これらの計画の企画については、クライアントは別のコンサルタントや建築家を雇ってプログラムをつくったり、強力で影響力の大きい弁護士事務所や、監査法人が参加して練り上げた企画を建築家に持ち込むわけである。

このプログラムの内容は計画により密度が違うが、企業本社計画のプログラムには時には役員室食堂のグラスやナイフの数まで記載されている。建築家の業務が現在と比べて、まだまだ単純な構成で組み立てられていたとも考えられるが、たとえ、建築事務所に企画の立案能力があったとしても、クライアントから依頼されない限り、建築家は企画に踏み込むことの〝危険〟をよく自覚していると言えるだろう。

危険やリスクが潜在しているなかで、私も難しい対内問題に直面した時、弁護士から「君を守ってあげる」といった発言があったことに驚いた経験がある。このように、リスクを負いながら他者との適切な信頼関係を築いていく社会が形成されていくわけであるが、これからのグローバルな業務展開でも大きな課題になるだろう。また弁護士の存在と設計報酬も多くの場合に結びついていて、彼らのつくる企画プログラムには建築設計報酬の料率や金額が表記されている例が多い。報酬額は建築家とクライアントの直接交渉もあるが、多くは弁護士や公認会計士が適切なレベルの報酬をクライアントと協議しているのは決して特殊なケースではない。報酬の職能上の問題と私の米国での経験がやがて、建設告示＃一二〇六にかかわることにつながることになる。

告示＃一二〇六のこと

一九七〇年後半、旧建築家協会は公取委により設計報酬規定の廃棄を余儀なくされたことにより、関係諸団体と歩調をあわせて、建設省住宅局に大臣告示による報酬規準の設定を要請したことはよく知られている通りである。そのために省内に調査委員会が設けられて、建築家協会からは大高さん、北代さん、藤本さんたちの先輩が参加、私もその末席を汚すことになった。私の米国での業務経験が委員会で役立つだろうとの協会の配慮であった。実はここでは、建築家協会が自主的に公取委の見解に触れない規準や制度をつくるといった主張は全く通らず、当時の社会経済状況のなかで家協会の職能上の自立性は強靭さを欠き、関係諸団体が一緒になって官に頼る結果になってしまった。実はそのころ、ＡＩＡからは「報酬算定のマネージメントガイドブック一九七五」が発刊されていて、既にいくつかの州では報酬料率の排除命令が出されていた。早々にガイドブックを取り寄せてみると、建築設計サービスの報酬として料率による算定がいかに不合理であるかが繰り返し説かれていた。その点では、既に家協会でも報酬は業務内容とその責任と一体の問題であることが真剣に論議されて主張されてはいたが、委員会では料率による報酬算定の不合理についてはほとんど討議されずに、業務に要した建築家の時間とコストの積上げ方式に流れが決まっていくなかで、私の力不足とはいえ、いくつかの点で不満が残ってしまった。まず、積上げ方式の中でプロフィットの設定に遠慮があったこと、再生産のためのプロフィットが建築家にも必要であることの強い説得を欠いたこと、料率のみの報酬算定の不合理性は、コスト積上げ方式と料率方式との組合せで合理的な算定方式を構成できるフレキシブルな方式の余地を残すこと、時間によるコスト積上げ方式は建築主と建築家の双方で責任範囲を明確にして、お互いにモニターできる方式としてアカウンタビリティーを確保できる方式にすること、そしてこれはコンピューター導入による将来のデーターバンクになり得ることにつなげることがなかったことなどが今でも悔やまれる。

Ｊ・Ｋ・ガルブレイスと建築

この＃一二〇六告示は建築関係者の協議で建設省により作成されたもので、建築主、発注者側の参加はなく外部に対する説得力と客観性に欠けていて、経済学者や社会学者からの職能と報酬についての論説もあるはずだと、その後ずっと注意してはいたが、なかなか目につかずに数年が過ぎた。

考えてみると経済学者は専らマクロやミクロの経済を対象としているが、いまだかつて、芸術や建築を研究の対象にしたことがなかったように思われる。しかし偶然の機会からJ・K・ガルブレイスの著『経済学と公共目的』のなかで芸術や建築を取り上げていることを知った。ガルブレイスについては著名な経済学者であり、一九六〇年代にベストセラーとして『豊かな社会』や『新しい産業国家』など読んだ方は多いはずだ。精密化数量化を進める一方の経済学者や学会筋からは必ずしも評価を得ていない反面、社会一般の人たちに対する「説得」を重視している点がむしろ私のような経済の門外漢から注目されているようだ。

この本は七〇年代半ばの著作だが、彼はまず現在の経済体制を「市場体制」と「計画体制」とに分けている。市場体制とは市場支配力のない中小企業分野であり、サービス業である建築設計や芸術家まであるでもそのカテゴリーに属するようだ。一方、計画体制は寡占的大企業分野で、この二つの体制間の対抗関係を軸にして経済の全体像を解明していく論理が構築されている。そしていつでも経済学者の関心は専ら計画体制の主役である大企業の問題点についてだけ論議され、個々の生活の質に深くかかわる市場体制については全く無視されてきたわけだ。最近では社会の関心は重厚長大の産業から、むしろサービスセクターの経済に変移する傾向が論議されているようだが、彼が説く市場体制にはいくつかの分野があり、そのうちの一つが芸術の分野だ。画一的に財を大量に生産するのではなく、個性的なものを一つずつ生産する建築を芸術の視点から見ると、芸術作品は大量生産にそもそも向かない分野である。ここに彼自身の言葉をそのまま借りると、「長い目で見れば、芸術的成果を反映する仕事は、経済の発展にますます重要な位置を占めてくるだろうし、科学技術の成果こそ人間の生活を豊かにする拠りどころであると、はじめから決めてかかる理由は全くない」。そして、さらに「芸術は今後とも個人および小企業の主要なよりどころとして存続する。経済生活のなかでもますます発展していく部門になるだろう」と述べている。もう一つ、彼が提起している問題がある。それは彼のつくった新語「都合のよい社会的美徳（The Convenient Social Virtue）」だ。ここで何が都合がよいか説明が必要だ。一つの例として、彼が挙げるのが、主婦の家事労働であり、家庭のため献身する家事に専念する主婦は常に美徳としてたたえられながら報酬の支払いのない労働についていて、本来は労働の対価が支払われるべきであると主張する。同じように、市場体制の経済、特に芸術などサービス分野では、芸術家や建築家はしばしば「芸術家肌の人」として称賛されるが、彼らの革新的な作品に対する当初の市場は、ごく小さなものでしかなく、他人が受け付けないものを自分だけが評価しているように見えることに喜びを感じることが多い。こうした状況では芸術家や建築家の成果の質から見るとかかった費用など二の次であり、そこで建築家がその成果に対して利益を求めてこなかったことは、建築家や芸術家の知的精神的、成熟の程度を物語っているとする。著者ガルブレイスは「都合のよい社会的美徳」を背景に公共は芸術のためにその資金を使わせようとしないし、また、芸術に対する社会的教育支出も最小限にとどめる、まさに公共にとって「都合のよい状況」のなかで公共の資金が節約されてきたと指摘する。

さらにガルブレイスは「芸術は今のところ公私の財源に対して、科学や技術より小さな発言権しか持っていない。これは世間の選んだことではなく、計画体制に役立つものに重要性と優先権を与えるように仕向けられている」と説いている。確かに大企業が社会的な称賛を受けることはまずないし、小さな個人企業として見ると、建築家はこれに反して社会のほめ者になっている面もあり、その称賛は「都合のよい社会的美徳」を写し出している。

制度学派の経済学者としてガルブレイスは、自ら構想した〈計画体制〉と〈市場体制〉が不釣合いになっている現状について、市場体制の弱点を是正するために、弱いグループを探し出して、市場支配力をつけさせるために、具体的には、価格と生産の安定をはかるための共同行為——例えば家協会の報酬料率など――を禁じている反トラスト法の禁止規定から小企業を全面的に免除することまでも提案している。市場での競争や規制の緩和だけが制度として主流になってしまった現在、公取委に反論して、公私の生活の質、公共の福祉のためには〈市場体制〉に公的な強化を支援することが必要とする主張は容易に受け入れられるとは考えにくいが、建築家職能の業務や報酬についての論議として別の視点からの問題提示であり、重要な意見として取りあげておきたい。

CMと調査委員会

一九七〇年代半ば、世界がようやくオイルショックの痛手から立ち直ると、建築投資が活発になり、やがてブームの建築業界に新しい問題が発生しつつあった。直接の原因は世界的なインフレーションであった。特に米国では建築工事中のコスト高騰と質の低下で工事遅延、追加工事費などが発生。どうしたらプロフェッショナルに解決できるか、そこで提起されたマネージメントがCM、コンストラクションマネージメントと名付けられた。

当時、同じような建設事情だった日本でもCMの導入が話題となり、旧家協会もCM調査委員会を立ち上げ、私も委員として専ら米国からの資料を調査して、一九七四年家協会の軽井沢大会で、CMの概要を報告する機会もあったが、会員の反応は今一つだった。

CMに対する関心は専ら建築関係者が中心で、セミナーを開催しても、本来一番関心があるはずの発注者側からの反応はほとんどなかった。何しろその後一九八〇年代になれば、日本の経済は「ジャパン、アズ、ナンバーワン」で、まさに見境のない開発主義に酔っていた時期で、建設界からは日本的経営の賛美に明け暮れ、アメリカから学ぶものなしとの声が聞こえてくる始末だった。文章通りCMの研究は畳水練で終わった。そのCMがその後二十年を経てようやく実践され始めたことは皮肉にも建設不況の最中だった。

ＪＩＡ調査委員会

建築家とは？　建築家は何ができるか？　建築界好況に沸く一九九〇年に改めて問い直して、世界での状況を調べたい、というのが林昌二ＪＩＡ会長の発議だった。調査委員会を立ち上げ、その一員として参加することになり、調査を約六ヶ月続けた後に、まだ当時建築家職能と兼務の情報の少なかったヨーロッパの主要な建築家協会を訪ねた。建築家職能と業務については、既に戦後半世紀を経たそのころには、ヨーロッパ各国にはいずこも同じように高い理想の職能が歴史を背景に確立されているはずと考えていた私たち委員には驚きの連続だった。青い鳥を探してもどこにもいないことも知った。職能と業務の実態はひとつとして同じではなく、むしろ各国間の乖離は極端だった。しかし、そうした困難な様相を克服すべく、ヨーロッパ各国の教育、職能、業務、資格を開かれた融通性のあるかたちにする努力がなされていることを知ったのは、オランダ建築家協会を訪ねた時だった。

アムステルダムの中心、アンネ・フランクの家の近く、運河に面した玄関口を入ると中庭に面した会議室では、建築家ベルラーエのブロンズの胸像が迎えてくれた。ＢＮＡオランダ建築家協会の専務理事ヴァン・デル・ヴィールとヨーロッパ問題担当のヴァン・デル・スライス両氏の冒頭の発言は、「ヨーロッパの建築家、職能はひとつになる」だった。彼らが持ち出してきたのがＥＣ建築家指令（一九八五年）で、既に十数年もヨーロッパ建築会議ＡＥＣで協議を続けてきたとのこと。会議のイニシアティブは英仏などの大国ではなくて、オランダ、ベルギーなどが中心であり、オランダが貿易経済、文化の交流など歴史的に最も開かれた国であることが強調された。その建築指令のなかで一番注目されたのが建築家の定義と職能資格を保証すべき内容を列記した一一項目だった。この建築家の定義ともいうべき項目は後年ＵＩＡのProfessional Practice Committeeにそのまま一三項目として採用されている。

ＰＰＣから登録建築家へ

建築士の法律があっても建築家の法律がなく、しかも建築士法は、全く現在そして将来の建築の業務変容に対応できない。そんな状況のなかで、ＪＩＡだけでなく学会はじめ関係諸団体に調査会報告を続け、ＪＩＡとしての建築家資格制度の新しい提案をしたのが一九九四年。そして一九九六年にはUIA Professional Practice Committee――いわゆるＰＰＣ委員会の案が採択されて現在に至るまで推敲を続けてきた。このような状況のなかで、ＪＩＡの資格制度も順次検討が進められて、会員からは時にはToo little, too slowと批判も受けながら、資格制度の検討委員会のひとりとして問題提起と素案づくりに加わってきた。ようやくその実行段階に移行して、私よりもずっと若い世代の会員建築家が中心になり全国的に試行から実施まで努力されている姿には深く感動している。この資格制度がひとつの実態として確立された時、士法の改正はついてくる。官に頼らず、職能の改革のＪＩＡイニシアティブが評価される日が近いことを心から願う次第である。

［参考資料］Ｊ・Ｋ・ガルブレイス、久我豊雄訳『経済学と公共目的』、河出書房新社、一九七五年

（『建築家 architects』二〇〇四年七月号より再録）

建築家資格制度を求めて

十年のながれ

ＪＩＡが建築家資格制度の策定を決意して十年の時がたった。

一九九〇年当時の林昌二会長によって提案された建築家資格、法制など西欧の国々での実情を調査する委員会が設定されたのがその始まりであった。当時は、現在のような不況にあえぐ閉塞的な社会とは違って、建設業界も建築家も信じ難いほどの好況のなかで、資格や制度に疑いを持った人はほとんどいなかったはずである。しかし、その狂騒のなかで建築と環境の頽廃のきざしをみてとり、建築家の定義を改めて考え直すことをＪＩＡの戦略のなかにとらえた林昌二、北代禮一郎会長の明敏な洞察と透視力を思い返さずにいられない。そうして、鬼頭梓会長によって建築家資格制度検討委員会に継がれ、穂積信夫会長、村尾成文現会長もＪＩＡ最重要施策として成果を積み上げてきた。その間、委員会は検討の経過や内容を会員にできるだけ周知、理解と協力を求め、また外に対しては関係諸官庁、各団体に対しても委員会はＪＩＡ内輪の利益をこえて、ＪＩＡのイニシアティブは建築家職能をより幅広くとらえて、社会経済環境の急激な変化にも柔軟かつ強靭に対応のできる新しい建築家資格制度を探ってきた。しかしながら、たとえさまざまな困難と独特なコンセンサス社会があったとしても、制度の確立に十年もかかることは職能団体としては少し時間がかかり過ぎるといった批判がＪＩＡ内外から出たことも厳しい現実であった。

事実、本部に先んじたかたちで、ＪＩＡ近畿支部が資格認定制度を自主的に発足させ、既に実務訓練・生涯職能研修制度を進め、また、東海支部ＪＩＡ静岡でも同様の資格制度をスタートさせている。

この点については、ＪＩＡ本部の資格制度案と近畿支部、ＪＩＡ静岡の制度の間に乖離があるのではといった疑問が指摘されているが、基本的には制度の骨格を共有している限り、制度上の細かい相違もローカルな実状を現実的に反映させていると考えられる。現在、ＪＩＡ本部としては各支部や県クラブがそれぞれに独自の資格認定制度に踏み込むことを望んでいないが、近畿、静岡の先例が本部制度の確立のプロセスのなかで有力なフィードバックとして評価されるのは言うをまたない。

通時的に

ここでもう一度、資格制度策定を始めてから一〇年の軌跡を振り返ってみたい。制度確立いまだ道遠しとする現在の状況からは、将来を計ることを優先すべきであり、振り返る余裕なしとする考えもあろうが、その間に制度の基本的コンセプトの軸がぶれることなく定まり、職能の強い理念に裏付けられた着実な制度の構築が続けられてきたことを確認しておきたい。まさに「継続は力なり」とするところである。

一九九一年、ＪＩＡ建築家制度調査委員の一員としてヨーロッパを視察し、アムステルダムのオランダ建築家協会を訪問した時に提示されたのがＥＣの建築家指令（一九八五年）であった。協会の専務理事からは、さまざまな相違を見せる各国制度を調べるよりも、ＥＣ指令によって加盟国間で建築家の教育、訓練、資格認定、生涯教育の相互承認を実行して、建築家業務の国境障壁をなくす施策に注目してもらいたいと、自信に満ちた主張をきいた。そして、その頃アムステルダムのゴッホ美術館増築計画で、官民による論議の結果、黒川紀章氏に設計依頼が決まったばかりだとの発言が印象に残った。ホテルに持ち帰って目を通したＥＣ指令には建築家職能と業務、建築家の資格を教育と一体にとらえている制度の骨格が明確に構築されていて、まさに目から鱗が落ちる思いであった。その後、建築家資格制度委員会によって一九九四年に提案されたＪＩＡ制度案も基本の骨格はほぼＥＣ指令に近いかたちに整えられて、教育、実務訓練、資格認定、生涯研修の四つの柱にそれぞれ第三者性をもった評価機能をもたせたシステムとして提案された。ＥＣ指令のＪＩＡ試案へのインパクトは同様にＵＩＡにもおよび、同じ年東京で開催されたＵＩＡ理事会でも建築家職能と業務のプロフェッショナリズム・その国際推奨基準（英語略ＰＰＣ）の策定が開始されるに至った。当然ＰＰＣ案はＥＣ指令の建築家としての基本的な知識と能力の定義を採用している。そこでＥＣ指令とＰＰＣ基準案のどこに相違を認めるかが問われるが、ＥＣ指令はＥＣの成り立ちが石炭、鉄鋼など基幹産業の国際障壁排除からであり、成文化された指令のトーンも極めて官僚的、その内容もかなり強制的である。ＥＣ指令が建築家を組織や団体のコンテクストではなく、個人の職能として捉えているのは当然としても、ＰＰＣ案はその論議の過程でいわゆる西欧先進国だけではなく南米などスペイン語圏の国、アジアの新興国の声が反映されて、各国の主権が尊重され歴史的文脈、文化、産業とともにその社会経済の公正な発展とその形態と表現を擁護する責任があるとしている。ＥＣ指令の強制的な文脈とは違って、各国の特有状況を容認し、その相違を充分に尊慮すべきことを明記しているＰＰＣ案はよりフレキシブルな国際対応力を持つと判断される。ＰＰＣ委員会の論議を見る限り、各国建築家委員がその国の特殊な状況を声高に主張する片面、現実への妥協もわきまえていた点は建築家らしい対応と言えるだろう。しかし、多様な発言と要望をいざ成文化する作業となると明らかにアングロサクソン系の才能の鮮やかさが目立ち、往々にして誤解されているようにアメリカの主導的戦略戦術的な言動は慎み深いものに留まっている。

こうして、一九九六年バルセロナのＵＩＡ大会でＰＰＣのＵＩＡ協定の承認に至るのだが、ＪＩＡ資格検討委員会としては協会内部での討議を各地で続け、同時に関係の諸団体、省庁、学会にも声をかけ資料を公開し、現行士法の建築家職能との不整合、プロフェッショナルな教育の内容の強化とレベルの高揚を説いてきた。ＰＰＣのインパクトは大学教育のアクレディテーションなどの耳慣れない英語の大学評価システムが学会で論議されることになったし、建設省の意向で建築技術教育普及センターが主催して、一九九七、九八の二年度で建築設計資格制度の国際相互認証フレームワーク検討が関係団体で行われた。その成果として、参加関係団体の委員は近い将来に建築士法の改正も視野に入れることを確認するまでになった。一般的に法の改正が極めて難しいといわれている日本の現状のなかで、この数年外国からの制度上のインパクトをどうしても受けて立たねばならない現実があって、既にウルグアイラウンドから、GATT、GATSを経て、一九九五年にWTOが発足すると、産業インダストリーの領域をもつ建築、ことに設計などサービス業務の透明化、競争制限の排除、国際的業務障害の除去などのいわゆる外圧から逃れることができないことになった。

さらには、建築家資格の相互承認は多大な困難に直面しながらもNAFTA、EUで実現しつつあり、同じくアジア太平洋地域の経済協力会議APECでも建築士、技術士などの資格をめぐる動きに現行建築士制度がどう対応するかが問われている。

JIAはこのように国内外で同時多発的な制度上の新しい課題に関係諸団体のなかで最適解決のイニシアティブをとる決断と行動が求められている。

共時的に

次に、通時的な見方から共時的な見方に視野を変えて資格制度を考察したい。前述したJIA近畿支部やJIA静岡の資格制度はJIA本部よりも先行して実施中であり、その成果とフィードバックに大きな期待が持たれている。一方、JIA本部は建築家資格制度推進会議を中心にして資格制度の検討提案を進めているが、コンセンサス社会とされている日本では、どうしても関係諸団体、学会と諸官庁などの間に基本的な合意が形成されねばならない。それは相当厳しい忍耐のいる現実に直面するかもしれないが、士法の改正も視野に入れた討議が実行され、JIAイニシアティブによって新しい資格制度の確立が建設産業の閉塞状況打開に積極的なインパクトをもたらすことも期待できる。

推進会議ではまず優先的に実務訓練委員会と生涯職能研修委員会がそれぞれ実行の具体案を作成中であるが、その過程のなかで論議されてきた課題の一つについて私見を述べておくと、急速で広範囲な技術開発と社会経済環境の変化のなかで委員会プログラムが有効に機能するためには、土俵を広げて関係諸団体や学会まで取り込んだ機構を開発する必要があると考える。

このようなＪＩＡイニシアティブが発揮されるもう一つの領域は国際問題である。この数年、ＥＵ、ＮＡＦＴＡなどの国境をこえた地域形成は各国職能団体の地域的な結びつきを強化するに至った。その身近な一例が、米国のＡＩＡ＋ＮＣＡＲＢ間で中国のＡＳＣ＋ＮＡＢＡＲ間で国際間相互承認協定が成立、実行に移りつつある事実である。日本には韓国と同様に複数の建築士、建築家の関係団体があり、これまで日本では設計を専業とする建築家の集団としてＪＩＡがイニシアティブをとってきた。しかし近年にわかに高まってきた日本、韓国と中国の建築家国際協調と相互承認を視野に入れた動きのなかで、複数の団体がばらばらに国際協議をするとき、相手国団体の窓口が統一できている場合には先方に混乱と不信を抱かせることになる。そこで提案であるが、建築関係各団体のなかから建築設計者間の横の組織――設計・フェデレーションをつくってみてはいかがだろう。すでに私的には外国からの打診もいただいている。ＪＩＡとＡＩＡの職能協定もさらに強化すべき状況のなかで、日本、中国と韓国との職能業務上の相互承認も具体的に視野に入れて検討すべきときではないか。


（『ＪＩＡニュース』二〇〇六年六月号より再録）

クライアントから学ぶ

建築家にとって必要な三つの分かち難い資質があるとすれば、それは謙虚さと頑固さと言ってもよいだろう。建築の問題とリアリティに対する謙虚さであり、問題こ直面した場合の、解決を目指した本質追求への頑固さである。

建築は三次元の碁、将棋と言ってもよい不思議なゲームにさえ見える。一つの駒の動きはほかのすべての駒に影響を及ぼし、全体を常に見定めなければならない。計画の敷地を考え、プログラムと計画の意図をとらえる。そこにクライアントの存在があり、なによりも問題解決の謙虚さが求められるであろう。クライアントといっても、強烈な個性の企業オーナーであったり、頑固な企業組織であったりさまざまである。しかも日本では組織や会社が個人の存在を超える場合が多いが、強い個人の存在から建築家は謙虚に学ぶことも多い。

ホンダ青山ビル

ホンダ青山ビルは複数の建築家によるコンペを経て、私たちに設計が依託されたが、当時としては個室を設けず、役員階までもいわゆる大部屋方式で、同社の開かれた経営マネージメントそのままにプログラムが組まれていた。

すでに創業者本田宗一郎氏は退任されて会社の業務や意思決定には一切関与しないことになっていたが、本社の建築に当たって創業者の意思を建築家として直接に確かめることができ、そのいくつかのコメントは強烈で忘れ難いものであった。たとえばガラスのカーテンウォールの否定である。

ホンダのイメージとして車の安全と建築の安全とは同意であって、カーテンウォールの安全性を技術的に強調し得ても、地震の際の危険もさることながら、不安を社員や通行人に与えることは本田技研の企業フィロソフィーに合致しないとの強い主張であった。

そこで代案を真剣に検討した結果が、バルコニーを全体に設けるデザインとなり、創業者の承認を得ることができた。このバルコニー案は火災や地震時の安全の確保を第一義に、窓ガラス清掃の容易さ、省エネルギーやスカイグレアーの減少などにも役立っている。創業者の安全哲学がデザインの展開を教導してくれたと思う。

淡島ホテル

淡島ホテルは西伊豆・内浦湾に浮かぶ周囲二キロメートルの小島に建設された。この島は環境庁により国立公園として宿泊地指定を受けていた。島の先端のV字型の土地は北面が富士山に面している。この地に高級ホテルを計画するに至った経過に、実はクライアント以外の、あるホテル経営者との邂逅があった。その経営者R.Burns氏は香港リージェントホテルの所有者でもあるが、淡島の地を訪れた時、まさにリゾートホテル最適地であることを指摘しただけでなく、自ら客室のプラン——居間と浴室が富士山に面し、寝室が奥に入っている案——を描いて私に送ってきてくれた。

また氏からはホテルのサービスについても建築家の気付かない数々の教示を受け、彼の申し出た合弁ホテル事業こそ実現しなかったが、リゾートホテルの本質を学ぶことができた。彼の進言に従って、クライアントと世界のリゾートホテル行脚が数年間続いたが、世界中の評価を得ているホテルのディテールを集積すればリゾートホテルができあがるわけではなく、むしろ設計の原則や活力を損なうことになりがちである。この設計プロセスでは時にはクライアントとの軋轢も生じたが、その多くの場合は結局クライアントの譲歩で信頼を強めることができた幸運の例であろう。

クライアントや専門家に謙虚に学びながら設計の信念を貫くことの難しさと楽しさが、設計のエネルギーに昇華し得ることを建築家として信じたい。

（『豊かな建築——問題解決への挑戦　椎名政夫建築設計事務所』建築ジャーナル別冊二〇〇一年七月三十一日発行より再録）

コラボレーション

クライアント、建築家、施工者の三者による一体的な関係で建築がつくられていくパラダイムは、現在にいたるまで長い歴史的な背景をもっている。

しかし、この三者の関係は二一世紀に入って著しい変化を見せているのではないか。すでに一〇〇のプロジェクトには一〇〇の異なるマネージメントがあるとまで言われ、建築とその環境については、計画の公私を問わず、多数のステークホルダー（利害関係者）が存在する。建築は数多くの職能・技術の集積総合であり、これらのステークホルダーに対しても強い説得力と誠意あるアカウンタビリティーが問われている。しかもそこに展開する数々の批判や新たな問題提起、フィードバックからも多くを学び、創作のエネルギーとすることができるはずである。建築家が直面する複雑かつ高度な技術的問題解決のためには、豊かな選択肢をもった技術のアウトソーシングをはじめとして、プロジェクトごとにベストの組織をつくる柔軟なマネージメントがクライアントから望まれている。このような社会経済、環境の変化に対して私たちは、設計事務所の規模を小さく抑えて、柔軟かつ創造的に対応することを重視してきた。なかでも、他の建築設計事務所や内外の国建築家との協同を積極的に図ってきたが、この傾向は今後ともますます拡がりをみせることであろう。

Collaboration 1——金寿根
大韓民国駐日大使公邸と韓国アジア選手権選手村

私たちと外国建築家とのコラボレーションは、個人的にきわめて親しい友人である韓国の建築家金寿根との設計協力から始まった。朝鮮動乱後、韓国に帰国して活躍していた金寿根は石油危機のころ、韓国の経済事情から、国策に沿って海外の業務にかかわってきた。なかでも世界銀行などの資金融資を受けるプロジェクトについては、国際競争が厳しい中で、外国建築家との協同設計の業務の運営に精通していた。代案を数多く提示して、それぞれの評価を客観的に説明しながら、自らベストと信ずる案を建て主に説得するメソードは、金寿根との協同から学んだことのひとつである。

大阪万国博以降は日本での彼の業務も増え、東京仙台坂韓国大使館公邸のプロジェクトで、初めての私たちのコラボレーションが実現した。大使公邸のデザイン、インテリアは韓国伝統建築のスピリットを現代の大使公邸機能のなかに実現することであり、私たちは韓国文化、歴史、建築芸術の研究のために、金寿根の指導のもと視察研究旅行を実行した。お互いに現代建築のモダニズムについては共有することは容易でも、韓国の伝統的建築工芸の細かいディテールに及ぶ設計の過程では金寿根の強い個性と伝統についての造詣を受け入れて進めることができた。この大使公邸では、モダニズム建築に無縁な朝鮮文様の伝統的木造ディテールなども採り入れ、中庭のコンクリート壁を小タタキにはつって文様を刻み、北斗七星を白磁の壷に託して配置している。

その後韓国アジア選手権選手村コンペにも参加して入賞することができた。画一的な建築の配置を排して、高層を敷地の奥に、中層から低層へと街路に向かって高さを調整しながら、中、低層建物に囲まれた変化のある中庭をつくるアイデアも、金寿根との協同の成果であった。

Collaboration 2——Rafael Vinoly
東京国際フォーラム

コラボレーションは親しい建築家との組み合わせのみとは限らない。まったくの未知の建築家との協同の成果として、東京国際フォーラムのケースがある。

一九八九年東京国際フォーラムの国際コンペが実施され、南米ウルグアイ生まれのニューヨークの建築家ラファエル・ヴィニオリが当選した。審査員丹下健三先生から推されて協力者として紹介されることになった。正直なところ面識もなく、少々不安な点もあったが、それぞれ二〇名内外の小さな組織でもあり、構造、設備設計、舞台、音響などの協力者選定の過程で両者の考え方に難しい相違がなく、また設計契約協議の時点でのヴィニオリの確信に満ちたプロフェッショナルな説得力に感銘して、協同をお引き受けすることになった。

さらに現代建築研究所の北代禮一郎さんにも協同者として加わっていただき、設計のピーク時には百数十名のチームを構成するコラボレーションが実行された。競技設計でもあり、基本設計から協同作業がスタートしたが、私たちも数名のスタッフがニューヨークに出張し数ヵ月滞在するなど、チームの協同は理想的に進行した。デザイン上は、ほとんど全部、徹底的にモデルで検討されたヴィニオリの提案によるもので、私たちのデザイン上の主な提案はわずかにとどまっている。この規模のプロジェクトになれば、建て主側の東京都や施工会社と、数多くの設計コンサルタントとのコーディネーションが複雑多岐にわたり、そのコーディネートは、公共工事の設計監理マネージメントの主要な課題であった。

このプロジェクトは六年にわたり、その間、協同者として建築家ヴィニオリとの信頼の確立は年を追って強固なものとなり、また基本設計案が度重なる試行錯誤により、ダイナミックに変貌をとげていくそのプロセスは、まさにヴィニオリの強靭なモダニズムの設計理念がすみずみまで貫かれた成果といえる。協同者としてこのプロジェクトに深く関わったことを誇りにしたい。

Collaboration 3——Mithun Partners Inc.
REI東京フラッグシップストア

日本経済の低迷につれて、新しい流通の旗手としてアメリカ風のショッピングモールが出現して数年、どちらかと言えば、建築的にはいずれも極端に貧しいか、悲しいまでに飾り立てた大衆迎合の空間が多い。コマーシャルな建築を、博物館、美術館などに比べて低位のものだと位置づけるべきではないとしても、私たち建築家はどちらかと言えばコマーシャルな建築に消極的であり、建築家の仕事として認めがたいといった状況があったと言える。

しかし、この数年、都市ホテルのインテリア設計者に世界各方面から著名なデザイナーを採用しているように、各地のショッピングモールも設計を外国、ことに米国の建築家に委ねるケースが数多くみられるようになった。ショッピングモールだけではなく、にぎやかな街に建つブティックなどにもヨーロッパの建築家の活躍が目立つ。それは建築家の業務の拡大でもあるはずだ。そして、優れた設計者を採用する企業のニーズの存在が、こうした状況をつくり出していることは間違いない。

米国ワシントン州シアトルを本拠地とするアウトドアスポーツ用品販売会社REI社が東京南町田に日本のフラッグシップストアの出店に際し、同市の建築事務所MITHUN（ミシューン）社に設計を委託し、協同者として私たちが選ばれた。パートナーのR・ウイリアムスは、日本で大規模な住宅計画を成功させており、日本の建築事情に詳しい。ＲＥＩ社は自然を愛し、エコロジカルな配慮をする環境優先型のビジネスをすでに全米に五〇店舗以上展開している。南町田でも質実な材料をその素材のよさを生かしたデザイン、いわゆる彼らのいうところの〝Be honest〟「材料に誠実に」といった精神により、たとえば構造の鉄骨は錆止めも塗らず、木質の工業用パネル類も無塗装のままで残している。床もシンダー打放し法そのままといった、そのむき出しの素材がつくる空間は世俗的な商業空間というよりも、何か日本のわび・さびに通じる風情でもあり、そこには鮮やかなカラーを排除したアースカラーのＲＥＩ商品が空間によくマッチしている。

このプロジェクトでは協同する建築家に対しても、信頼と敬意に満ちたクライアントの存在が建築家同士の協同を成功させたと信じている。

（『豊かな建築――問題解決への挑戦　椎名政夫建築設計事務所』
建築ジャーナル別冊二〇〇一年七月三十一日発行より再録）

［座談会］

椎名政夫の手法

岡 房信＋清水 冨美子＋松家 克＋吉村忠雄

おか・ふさのぶ
1951年生まれ。1976―88年石本建築事務所に勤務。現在三井不動産アーキテクチュラル・エンジニアリング取締役会長

しみず・ふみこ
1945年生まれ。1968年より椎名政夫建築設計事務所に勤務、現在に至る

まついえ・まさる
1947年生まれ。1972―88年椎名政夫建築設計事務所に勤務。現在ARX建築研究所代表取締役

よしむら・ただお
1939年生まれ。東洋陶器株式会社に入社、1996–2000年東陶機器株式会社（現在TOTO株式会社）取締役常務

ホンダ青山ビル
（1985年）
撮影：川澄明男

ホンダ青山ビルプロジェクトを中心に、
間近で見てきた立場から、
椎名政夫が求め続けてきた建築家像と、その方法論を語る。

ホンダ青山ビルプロジェクトをきっかけに

松家　まず、最初に椎名さんとの出会いからお話しいただき、後半は、人となりや方法論、設計の進め方、そして、椎名像の一端でもつかめればと考えています。

　では、椎名さんとのかかわり合いが長い清水さんからお願いします。

清水　椎名事務所に入りましたのは、四五年前になります。日本女子大学の小川先生に紹介していただいて、椎名先生のことはアメリカで仕事をして帰国されたこと以外ほとんど何も知らず事務所に入りました。所員は三人＋アルバイトで、先輩からはいろいろ厳しく指導していただきました。椎名さんは、オープンでフラットな方でしたので、女性だから打ち合わせに連れて行かないとか、担当させないとか、お茶を出さなきゃいけないとか全くありませんでした。ですからそれが普通だと思っていましたら、しばらく経って、周りの女性から、それは特別よ！　と言われました。そんな環境で建築の勉強をはじめさせていただきました。

松家　吉村さんは、ホンダのプロジェクトにメーカーの代表として参加され、椎名さんと深いつながりを徐々にお持ちになったと僕は記憶しているのですが。

吉村　椎名先生とお会いしたのはホンダのビルで、そのときが初めてなんです。その前は全然お付き合いがなかったのですが、ホンダのビルを設計したときに、椎名さんが最初から言われていたのは、世界のホンダが世界一のビルをつくるということ。建築中にアメリカに行ってもずっと言い続けていた。これはものすごく印象に残りましたね。ですからわれわれものづくりのメーカーとしては、椎名さんがつくる建物の中に、自分の所の一番いいものを、ベストなものを入れたいというのが、やはりわれわれの使命だと、常に感じていました。

　私はＴＯＴＯにいましたから、メインは、トイレ、衛生陶器です。今思い出してみると、その頃からビルもトイレ関係が変わりつつあった。それまでは、実をいうと設計者の人は衛生陶器なんてついていればいいという感覚なんですよ。一九八〇年代のことですからね。あの時代から、オフィスの中のトイレを考えようというようになってきました。

松家　そうでしょうね。製品もオフィス用っていいのがなくてね。

吉村　それ以前は、たとえば、男性用のトイレと女性用トイレの個数も、設計者の感覚でやってたんじゃないかな。今のオフィストイレはすごいですよね。とくに女性のトイレなんていうのは鏡から何からものすごいです。

松家　当時、クライアントのホンダ側や椎名さんも含めて、TOTOの製品について、多面的な要望がかなり出たじゃないですか。かえってそれがいいきっかけとなり、開発する弾み車になったようなところはありましたか。

吉村　あります。それは、私は営業ですので、現場での設計変更は工事部門にまかせ、通常は携わりません。しかし、ホンダビルの場合は受注段階から設計変更が発生、営業と工事部門が合体、作業を進めていかざるをえませんでした。最終的にホンダビルはユニットトイレを採用しましたが、あの時代、ユニットトイレの納入例が少なく、いろいろな試行錯誤がありました。したがって、椎名さん、ハザマさん、石本さんのご意見が、非常に反映されたと思います。

松家　ホンダ本社の計画に際し、アメリカの建築を視察されましたが、後ほど触れていただければと考えています。

岡さんも最初はホンダがきっかけですね。今日、お話しいただく方のバックヤードが異なっています。岡さんは組織事務所、吉村さんはメーカー、清水さんと私は椎名事務所です。ホンダに一つの例を見て、椎名さんのすべてを語れないと考えますが、設計の進め方には非常に椎名さんらしさが出ています。プロセスや設計後、竣工後も含めて、そういう印象を持っています。

岡さんにお聞きしますが、組織事務所と椎名さん、言ってみれば個人のリーダーシップによる進め方との違いやホンダでの印象的なものをお話しいただければと思います。

世界に誇れるビルをつくる

岡　もうかれこれ三十年も前のことなので、あまり当時の正確な印象はなくて、どちらかというと、今考え直してみるという感じですが。組織事務所というお話がありましたけれど、当時の組織事務所の一つの特徴というのは、公共六対民間四ぐらいで公共建築を多く扱うんですね。僕自身は、公共建築物をあまりやっていなかったのですけれど。でも、設計事務所に入った最初のころは、市庁舎であるとか市立図書館であるとか、そういうものをやっていました。そのあと民間の仕事をやっていて、ホンダの仕事に入ったということなんです。

そういう意味では、僕自身は、組織事務所の仕事の仕方と、アトリエというか個人事務所の仕事の仕方の違いということよりは、多分、公共の仕事と民間の仕事の違いというふうな違いを感じていたように思いますね。それは、今日は椎名先生の人となりを浮き上がらせるということが主題ではあるんだけれども、やはりホンダという強烈な個性を持った会社の仕事でもって椎名先生とご一緒したという、このことはどうしても分けて考えられないんですよ。

僕は、キーワードを一つ思い出すとすれば、あるいは今振り返って考えようとすれば、椎名先生の仕事のやり方は、批判的思考、英語で言うクリティカルシンキングという、これに尽きるのではないかなと、思っています。

では、公共の仕事の中でクリティカルシンキングがないかというと、それはなくはないんだけれども。どこかの市役所の仕事をするとして、市の人たちが責任を持って仕事をしていないというわけではありませんが、やはり何かあるとすぐ議会がどうだからとか言って、クライアントの意志というのがどこかに結集されているという気がしなかったのです。今は違いますよ。当時、僕が駆け出しのころの印象です。

それに対してホンダの仕事というのは、その当時もう本田さんも藤沢さんも第一線を退かれていたとはいうものの、やはり強烈なオーナー企業であり、その仕事にどう取り組むかということを、椎名先生は真剣に考えられた。その取り組み方というのは、簡単にホンダの両巨頭にすり寄るという話ではなくて、真剣勝負をされるわけですね。当時の本田技研というのは、両巨頭は最高顧問としてお元気でいらして、現役の経営の方々も、その最高顧問二人に対峙するには本当に真剣勝負を求められていた。その反射が、あのビルをつくる上で建築家の椎名さんにも求められたと、そういうことのように思うんですよね。

だから僕は、いつもの椎名さんがどういう方かは全然知らないんだけれど、ホンダ青山ビルのプロジェクトに関して言えば、ホンダというあの時代のあの会社の中にあった真剣な雰囲気、それがまさに建物をつくるときに、トヨタにも日産にも負けない会社にするんだという、あの企業の意志が、建築家である椎名さんに向けられて、それに応えるには半端な方法では答えられないわけです。そこの緊張感というのを、僕は批判的思考と言ったのですが、必ずしもホンダが言っていることが全部いいんだというわけでもなくて、椎名さんとして咀嚼されて、どうやってこの大変なクライアントに対して建築家として提案をしていくか、その繰り返しをされたのでしょう。

何しろそういう印象なんですよ、あの仕事における椎名さんというのは。

松家　なるほど。当時、岡さんも三十歳くらいですか。

岡　結婚したときだから、三十から三十一になるときかな。

松家　椎名さんがほかのプロジェクトでどういう対応をされているか、岡さんも吉村さんもまったく知らない状況で参加されたわけですが、ほかのプロジェクト方法と、大きな差はなかったなとの記憶が残っています。もちろん、ホンダは、スーパークライアントですから、椎名さんの意気込みというか、先ほど真剣勝負とおっしゃっていましたけれど、その深い、浅いというのはあったかもしれませんが。

椎名さんのクライアントに対する顔というのは、大小に拘わらず同じですね。

清水　そうですね。クライアントの個性と向き合い、クライアントの要望をどういうふうに解決するかということに非常に意欲があるということは事実です。椎名さんの最近の嘆きは、クライアントの顔が見えない、ということです。個性が見えないと。それは、組織が大きいとか小さいとかいうことではなくて、組織が大きくても強烈な個性の人はいて、要望が伝わってきます。

けれども、最近は隠れてしまって見えない。クライアントからきちっと問題の投げかけがあり、自分たちがそれにいろんな提案を出して解決していくということが自分の姿勢だといつも聞かされおります。多分ホンダさんともそうでしょう。本田さんの印象は非常に強烈ですけれども、それぞれ皆個性のあるクライアントと一緒に仕事をしてきたというのが、椎名さんの経験だと思います。

松家　クライアントに深くかかわる事例は、いくつか見られます。ただ、椎名さん個人で言えば、本田宗一郎さんから受けたインパクトは相当強烈だったと。一生忘れないだろうと今でも印象深く記憶に残っています。

清水　椎名さんの場合、このクライアントの要望に応えるには、どういうチームがいいだろうかをまず考えるというところに、特長があると思います。アーキテクトとしての自分が総括者である立場を保ちながら、構造・設備はもちろんそれ以外の技術者、インテリア、グラフィックデザインなどいろんな専門家に参加していただいて、最高の技術、最高のチームで取り組もうとします。自分の会社や組織だけで解決していくということよりも、クライアントにとってどういうチームでやるのが一番いいかなということを、まずは考えるということですね。

ホンダの場合も、石本事務所や間組などいろいろな方と協同したと思いますが、それもやはりこれをやりとげるにはどういうチームがいいかということが根底にあったと思います。

チームづくりもデザインだ

松家　ホンダにとってのいい設計チーム構成について、椎名さんは相当時間をかけて考慮されていました。石本事務所が培ったノウハウと考えなどは欠くべからざるということもあり、当然、チームへの参加をお願いし、それも若い方にとの印象がありました。私も三十二歳か三十三歳でしたから、今から考えると無謀に近い若さです。

併せて、構造、設備のエンジニアの方や、アートワーク、ライティング、グラフィックなど広範な分野の方たちの参加をホンダとも相談をし決めていました。もう一方の新材料や新技術などは、幅広い情報に基づき、どういうメーカーが参加するといい結果が生まれるのだろうかと考えた。加えて、間組やサブコンも参加する大きなプロジェクトチームの構成を注意深く考えていたのかなと思います。結果、ホンダの計画室と設計者側の設計室が現場につくられました。

外壁のフッ素樹脂塗装というのは、その当時、日本には、一事例ぐらいしかなかったようですね。で、かなり慎重になっていました。そこで、フッ素樹脂塗装とアメリカの最新オフィスの実情について調査と視察のためにホンダの責任者の方や吉村さん、岡さん、メーカーやサブコンの方も含め、アメリカに行かれましたね。この視察について、吉村さん、触れていただければ。

吉村　私はフッ素のことはわかりません。ただ、今、皆さんのお話を聞いていて思うのは、われわれメーカーに対しても、結局いろいろなメーカーを集めてそこからいい意見を取り入れる。だから逆に言うとメーカーに参画意識を持たせる。それから、共同作業である、というようなことです。今考えてみると、そういう意識が椎名先生には非常に強いんじゃないかなと。これはわれわれメーカーだけかなと思ったのですが、設計をする段階でもそういうやり方のようです。ということは、椎名先生はもともとそういう発想の持ち主だったんでしょうね。だから、いろんな人の意見を聞いて、それを同じ、共通の土俵に上げてしまう。だから、われわれメーカーも、椎名さんと同じ土俵で、いいものをつくりたいという意識に、統一されていったんだろうと思います。あの当時はまだ海外へ行くということも珍しいし、ましてアメリカの西から東まで行くなんていうことはまずなかった。その中で、初めて皆の意識を同じ土俵と同じ目線にした椎名さんは、やはりすごかったんだなというのを今、感じるんです。

というのは、メーカーはいろいろ違うから、同じ共通の土俵に立つということがまずない。はっきり言うと、クライアント、設計事務所、ゼネコン、サブコン、その下に実際はメーカーはあるんですよね。こういうピラミッドの一番下なんです。ところが、これを全部一緒にひっくるめて一つのものをつくるという参画意識を椎名さんがおつくりになったのは、ホンダのために海外へ行った、そのときに初めてできたんじゃないかな、と私は思っています。

松家　岡さんの場合は、フッ素樹脂塗装も含めて、技術的な側面も見て来られたのですね。

椎名さんの持つ「強さ」

岡　改めて、椎名さんにうかがってみたいと思うことがあって、ツアーに行ったときに、クランブルックという美術学校に行ってね、という話を初めてうかがった。卒業してからも何回もアメリカには行ってらっしゃるんだろうけれども、椎名先生のものの考え方というかスタイルは、アメリカに居るとほっとするみたいなところがあるのかもしれないなと。

清水　アメリカ人ってよく言われていましたね(笑)。

岡　戦争の時代を学生で体験されたんでしたっけ。そして敗戦を経験してアメリカへ行かれてという、僕らには想像もつかない価値の転換をどういうふうに受け止められて、いま清水さんがおっしゃったように頭の中はアメリカ人じゃないかという人がいるくらいに、アメリカのビジネスの世界に適合して仕事をしてこられたのか。そこで何があったんだろうと。それはずっと芯に持って生きておられるんだろうと思うんですよね。そこのところを僕は伺いたいなと思うんです。そうやって生き抜いてこられたたくましさというのは半端なものではないと思うんですよ。

そのツアーの時にうかがったと記憶しますが、クランブルックを出て職探しで最初に図面を持って行ったところには、いま間に合ってるからしばらく待てと言われて、そんな悠長なことは言っていられないからＳＯＭに行ったら、明日から来いというので翌日から仕事にいったんだと。そんなことって、とても自分にはできそうもない。周りのことを慮って仕事をされる方という面もすごく強く感じるんだけど、本当は個人として、すごく強いものをもっていらっしゃるなと。どちらかというとその強さの方に僕は興味があって、どうしてそんなに強くいられるんですか、ということをうかがってみたい。自信があるから、周りの人も呼んで来られるのかなという気もするんですよね。

松家　なるほど。椎名さんの強さについては、今までは出なかった話です。椎名像というと、柔軟さだとか、かっこいい頑固さ、紳士というか、ソフトな感が強いですね。岡さんが聞きたいことについては、この本の前半のロングインタビューで、かなり深く突っ込まれています。生い立ちから含めて、なぜ建築家を目指したのか、戦争の前後の人生の方向を決める年代をどう過ごされたのか。なぜ、アメリカ留学を決意されたのか。なぜ、強いのか。ちょうど椎名さんの旧制中学と旧制高校の時代が戦争のただ中だったわけです。

個人と組織のあり方

松家　ホンダに話を戻しますが、ホンダの計画当時、優れた建築については、卓越した英語力で海外事例を広く深く調べられていました。あの頃は、新しい考え方で日本のオフィスを見直す機運があり、今のスマホにもつながるスマートビルという概念もお持ちでしたね。

ここで、設備エンジニアの木村博則さん（現在石本建築事務所執行役員環境統合技術室室長）のメモを紹介します。

椎名さんには、現代に通じる手法を感じた。多くの人の意見を聞きながらチームでものをつくっていく建築家。併せて、フラットな形で発言でき、エンジニアとも真摯に向き合ってくれた。バックアップを考えて二つの空調機械室は、とのことや地下の機械室通路を安全なアベニューにと言われたことなどが強く印象に残っているそうです。

ホンダビルは、二十五年目に木村さんを中心に最先端の省エネビルにリニューアルされましたが、椎名さんの考えが、役に立ったと強く感じているそうです。木村さんによると、当時から椎名さんは、ライフサイクルの考えを持っていたとのことです。その後、モチベーションが継続され今回のリニューアルにつながっていますが、その一つに、ホンダ会の役割があったと言えます。椎名さんは、ほかのプロジェクトでも会をつくられています。そして継続させている。ホンダ会だけではないんです。参加メンバーがこの建築をつくったとの意識がモチベーションにつながっているのですね。

クライアントのホンダも、現場の職人さんたちを大切にし、参加意識を高めるための意図があって現場表彰を始めた。職人さんは、表彰なんて俺どんな格好で出りゃいいんだよ、そんな経験ねえんだよ、と言いながらもとても喜んでいました。このことは椎名さんの影響も少しあったのだと思います。もちろん当時の間組現場所長の鈴木さんの考えも大きかったのですが。

椎名さんは、若い時に海外でいろいろな経験を積み、確固たるプロフェッショナル意識を育てられました。建築の業務の深いところで、職能意識を持って取り組んでこられた印象が強くあります。

さて、岡さんは、組織事務所たるところをいままであまり考えてこられなかったようですが(笑)。

岡　組織事務所って、あまり考えたことがないというのが正直な答なんです。プロフェッションというのをたとえばグーグルなんかで引くと、個人でしかありえない。建築家というプロフェッションと言ったときに、個人が木を切って担いで持ってこれるかというと、そういうことではなくて、必ず共同作業と言うものが介在する。設計というところに組織事務所と個人事務所の違いはあるといえばあるんだろうけれど、建築の生産ということを考えたときに、個人だと組織だとかいうことを分けて考えることにどれほど意味があるんだろうと思ってしまうもんだから、そこで思考停止しちゃうんですよ。

松家　こういうことを無謀にも聞いた私が悪かった(笑)。組織事務所だからどうのこうのという問題じゃないですね、本質的には。

清水　椎名さんにはいつも個人と組織という意識があって、その方の組織も含めた能力と個性を重要視していると思います。多分吉村さんも、ビッグカンパニーにいらしたけれども、その当時やはり担当者として、水回りとか衛生器具はいちばんいいものをつくろうとする。日本にはないので、じゃあアメリカへ調べに行こうという意欲があってこそ椎名さんに呼応したコラボレーションができたのではないでしょうか?その方自身の能力を信頼して一緒にやっていこうとする、あるいは引き出そうとしています。椎名さんは構造とか設備など技術系はどちらかといえば得意じゃないと思いますが、専門家と協同して、統括者としてバランスよく建築をまとめて、クライアントの要求に応えていこうとしています。

松家　岡さんは、その後、発注者側に立ったわけですけど、それは何かホンダのことが、ある程度影響しているのでしょうか。

岡　僕自身は、ホンダにかかわったことで、組織に興味を持ちましたね。椎名事務所と石本事務所という対比でもって、個人、組織という比較もあるのだろうけれど、ホンダという会社に比べると、石本建築事務所はとても会社とは言えないような。それで、会社ってどういうことなんだろうと、考えました。

松家　より組織に興味を持つきっかけとなったということですね。

岡　で、三井不動産という会社は千人くらいの会社だから、本田技研に比べればはるかに小さいのだけれど、でもまあより会社の体をなしていると思うんですよ、世間でいうところの。そういうところで仕事をするっていうのは、どういうことになるんだろう、という思考に目覚めたというか、きっかけになったかもしれません。

話が前後しますが、松家さんも一緒だったと思うのだけど、ホンダの仕事をやり始めたときに、レインボーモータースクールというところに缶詰めにさせられましたね。ホンダの中で提出する書類をつくるときには、一つの文章は一つの意味で区切りなさい、一つの文章の中に二つの意味を入れてはいけない、それはビジネス文書の最低限の作法だと。そんなことを最初に勉強させられて、会社ってこんなことをやるんだと思ったものですよ。

先ほどの松家さんの話で言えば、ホンダに計画室というのがつくられて、そこに何人も人がいらっしゃったんですね。その隣にわれわれの設計室があって、そこでしょっちゅう行ったり来たりしていたんです。僕らも若かったし、ビジネスのコミュニケーションはこうやってやるんだという基礎的なトレーニングをまったく受けていない。それがかえって良かったのかもしれませんね。だから適応できたのかもしれませんけど。

ただ、一部の、一千人を超すような本当のビッグファームだと、今はもしかしたらそういう製造業のようなビジネストレーニングをしているのかもしれませんけれどね。

吉村　アメリカへ行って帰ってきて、やはりあの時に一体感もできて、要するにもう一度仲間で集まりたいという気持ちになった。だからもしかしたら一緒に戦った仲間という意識が非常に強いのではないか。それと、考えてみると、何十年と営業をやっていて、自分の営業の歴史の中に、ホンダのビルは刻まれているのです。それは、誰もみんな同じだと思います。自分のモニュメントとしてホンダのビルがあるんですね。それは椎名先生であるし、その仲間ですよね。一緒にやったんだという意識、これをうまく椎名先生は引き出した。これだけ、二十数年続けているという会は、私は初めてです。

松家　そういえば、ロの字型の照明器具配置などはほかにはなかったわけですし。あの当時、オフィスはまだPタイルだったんです。それをタイルカーペットにできないかとの検討をし、メーカーの参加を得ていろいろな開発を加えた。フッ素樹脂にしても、中村塗装が持っている窯について、改善しないと高品質の製品ができないんじゃないか、フッ素が汚れにくいのはなぜか、と化学の専門家に構造式を使った汚れにくいコーキングのレクチャーを受けたり、などと深く立ち入った。アメリカにも同行された中村塗装の木山さんが、中村塗装店を次の世代まで継続させるためには今これが勝負だ、と張り切っておられていた。広範な分野でオフィス建築の弾み車的な役割を果たしたという気もしますね。

一流好み

岡　僕は椎名先生のチームビルドアップの仕方は本当に素晴らしいと思っています。でも、もう一方で、先ほどの強さの話に強引に引き付けてしまうのですが、椎名さんの一流好みというのがあると僕は感じていて、一緒に仕事してくれる人も一流の人でないと嫌なんですよ。元から一流の人かどうかというよりは、チームに入ったからには、一流になってくれよと、その方向に進めて行くのがとっても上手な方という気がするんですよね。

個人的な体験でいうと、僕がお客さんの応対か何かで英語で喋らなきゃいけないことがあって、そうしたら後で椎名さんが「岡君、その辺のお兄ちゃんとかお姉ちゃんとかが使うような英語は使わない方がいいよ」と(笑)。きちんとした、それなりの単語を選んで使わないとだめだからね、と言われた。そんな喋り方していてはビジネスの場面でその辺のお兄ちゃんお姉ちゃん扱いされちゃうよ、きちんとした建築家として見てもらえないよ、と。これはまったくの想像ですけれど、多分ご自身が同じような経験をされたんでしょうね。だからおっしゃってくださったのかなと思ったんですけれども。やはり、一緒にやるからには、みんなで一流になって、一流のものをつくろうぜと。ただ仲良くやろうというのと、ちょっと違う要求が世界一のビルでした。参加した人たちもそういう意識が非常に強くありました。

松家　そう言わざるを得ない雰囲気があった(笑)。

清水　チームにはいろんな人がいたんですか。

松家　いろんな関係の方が参加しましたね。

吉村さん、岡さん、木村さん以外では、ホンダの当時のプロジェクトリーダーの榊原利之さんとホンダの清水松太郎さん、前田祐作さん、石本事務所の菅原道雄さん、間組現場所長の鈴木健次さん、高砂熱学の服部修さん、新菱冷熱の清水勝治さん、関電工の小野木成美さん、大気社の田中楠美さん、日本電設工業の大曾根孝紀さん、大日本塗料の中島誠さん、斎久工業の貝塚忠さん、日本ペンウォルトの笹倉誠さん、ジャパンメンテナンスの池田昭さん、間組の遠藤和雄さん、TOTOの君島信男さんなどが、スタート時のコアメンバーでしたね。

岡　全員で二十人前後だったでしょうか。

吉村　もっと多かった気がしますね。

四半世紀してリニューアル

松家　アメリカ視察はホンダの方も行かれていますし、多くの分野の方が行かれた。その視察メンバーに後から徐々に加わって、最終的にホンダ会は三十人ぐらいになっています。会自体ができたのは、竣工直前だと思います。最初はアメリカに行って、そして、ホンダと戦った(笑)同志という意識はあったのでしょうけれど、むしろコアになった方は、初めて海外に行かれた方もいたようですから、視察旅行も相当ハードだったんじゃないでしょうか。だから、いろんな楽しいことやつらいことがあって、最初は、慰労で集まろうやということだったんでしょうね。それがどんどん膨らんで、それなりのモチベーションを保つように育っていった。それが椎名さんの意図だったかどうかまではわかりません(笑)。

竣工後二十四、五年目ぐらいにホンダ青山ビルは大規模リニューアルをしました。

清水　おととしですね。

松家　ホンダもすごいですよね。最新ビルにもう一回つくりかえる。当然二十数年経ったんだから、見直しが必要だということで、石本の木村さんが中心になって、設備の寿命は短いですから、ほとんどが設備と省エネ系ですが更新された。その寿命をうまく切り替えるためには、全体のコンセプトをあまり崩さずに、当時の設計の狙いがそのまま生かせるような形でできたという報告をホンダ会で木村さんから聞いています。木村さんも次のプロジェクトへのステップになったとのことでした。

清水　いろんな方とチームで一緒に仕事をして、最終的には非常にいいハーモニーで建築ができあがる。ある技術が突出して目立つということは、あまりないんですね。全体として一つの建物になっているということが必要と椎名さんからいつも言われています。チームが良くないと、それはできないということがあるかもしれませんね。

岡　リニューアルのときに、カーペットなんかも多分くたびれていたりして、張り替えたりしたのかしら。それで、同じ色のものになったんでしょうか。多分、ホンダの人は、できるだけオリジナルに忠実にあの建物を使い続けようとしておられるんです。設備はガラッと一新したわけだけれど、目に見えるところは、二十五年以上経っても、ディテールやカラーリングを含め、印象が変わらないんですよね。それはそういうふうに、いつもきれいにお掃除をしてくれたりとか、タッチアップが必要なときもオリジナルに沿ったタッチアップをしてくれているとか。それは多分最初に椎名さんが、引渡しのときにちゃんとおっしゃったんじゃないかと思うんですよ。

建築はできあがってからが勝負

松家　それは言っています。強い意思表示をしているね。建築はつくってからが勝負だと。ホンダビルの設計コンセプトを通してホンダ思想を新聞の一面広告としたように、建築コンセプトとインパクトが、ホンダに今でも継続しているということじゃないでしょうか。

完成間際、椎名さんと岡さんと僕の設計側三人、それとホンダの榊原さんと向山常務さんと千々岩専務さんだったかな、本田宗一郎氏に嫌というほど怒られたんですよ。その二週間位前には嫌というほど褒められたんですが。その時に、本田さんは、すごい人だなと強く感じました。強い熱情を持って建築を見ていたというか、自分のやってきた足跡の、あの当時としてのホンダの集大成だったんでしょうね。創業者の意識が高くて建築に対する思い入れも深かった。世界一の建築をと。それゆえに、トイレの数や階段の安全確保など、納得できないところが少しでも出ると、何とかしろ、というので怒られたんですけど。だけど、この時は、最後の五分でホンダの役員に、俺は大株主だけれどもお前たちが最後に決めるんだと、強い調子で言うんです。優しいというか、ああそうなんだと。俺はもう退いているんだから、お前たちが責任をもってやれと。本田さんという人は、改めて、すごい人なんだなと思いましたね。

その後の人生への影響

岡　私は三八歳のときに転職しましたので、ホンダのビルが竣工したのが一九八五年で、転職したのが八八年だから、プロジェクトが終わってから三年しかいなかった。

松家　その後は三井不動産の企画ですね。

岡　三井不動産が当時やっていた地主さんとの共同事業で、木村家というパン屋さんが西新宿に工場を持っている。そこを有効利用しようというプロジェクトの設計を石本事務所のスタッフとしてやっていた。それを三井不動産側でやらないかということを言われたものだから、転職。転職して二、三年はそういうことをやっていて、その次に、開発型の仕事をということで、再開発。そんなことをやっているうちに国鉄清算事業団の用地処分というのがあって、それで巨大プロジェクトの時代が来た。その時に汐留の街区の一つを外資と組んで開発しようということになって、それにはずっと関わることができました。その後、三井不動産が建設関連の技術者を集めるためにつくった子会社を所管する部門に移って、その子会社は、当時は今とは違う名前の会社だったのですけれど、その会社の名前と組織をつくり変えることを定年になるまでやりました。

松家　クライアントのインパクトもさることながら、私にとってもホンダのビルの影響は大きかったですよね。僕は本田技研ファンでもあったので、そういう意味でも恵まれた運命的なものを感じました。多いときは三十人を超すような設計の大チームで、たまたま僕は椎名事務所ですから、なんだかんだと背伸びしながらやらざるを得ない立場になって、それも印象深く忘れ難いですね。

それと、椎名さんが、非常に自由にやらせてくれたんですね。もちろんいろんなフィルターをかけないと椎名さんのOKは出ないんですが、コアと呼ばれた四人（松家、岡、倉林、新井）は、自由に、フラットに。その四人組は、石本が二人、間の設計部が一人、そして椎名事務所が一人です。倉林と新井とはARX建築研究所のパートナーとして今でも一緒に仕事をしています。

清水　実施設計のときから計画敷地の中にプレハブの設計室をつくって、その中にいましたからね。私は参加しておりませんが、別枠の大きな組織をつくったわけです。

松家　よかったですよ。設計料やスタッフの給料も気にしなくていいし。

清水　長かったですよね、設計期間が。

松家　長かったね。取り壊し前の古いビルから始まって、敷地の中で七、八回引っ越ししたんです。

ホンダがなかったら、僕は椎名事務所をその時点で辞めてました。そういう話も進んでいたんです。三十歳定年説でしたので。今はそういう状況じゃないですけど、あの当時は独立できる雰囲気もあった。で、独立かなと思ったら、ホンダの話があると。ホンダが終わった後もメンテナンスを二年間と決めて、二年経ったときに独立しました。独立したのは三十九歳。結局、独立が八、九年くらい延びたんですね。だけど悔いはないです。

椎名政夫の人間像

松家　最後に、お一人ずつに、椎名さんについて一言だけお話しいただければと思いますが。

岡　最近お会いして一番印象深かったのは、暮の忘年会で、たまたまジェイン・ジェイコブズの『アメリカ大都市の死と生』の話を椎名さんにうかがったら、岡君よく聞いてくれたと。今、あのときジェイン・ジェイコブズに叩きのめされたモーゼスのやった仕事が再評価されていると。ものごとというのは、それくらいにチェック・アンド・バランスがいつも必要なんだと。という話をされたんですけれどね。僕はそれはまさに批判的思考だと思うんですよ。ふらふらしているというのではなくて、ある方法論を持って、批判的にものごとをとらえ続ける。その姿勢を、椎名さんは、この年になってもまだやってるな、と(笑)。この精神の強さというのは本当にすごいなあと思いましたね。

椎名先生を一言で表すキーワードは、やはり批判的思考だと思います。それが本当に染み付いている人だというのが僕の思いです。

松家　なるほど。そういわれると、若い頃から、そうだったな、という感じですね。批判精神は本当に持っていますね。それも単なる批判ではなくて、結構深いところで考えた上での批判みたいな。

岡　決して大衆に迎合していないんですよ。

松家　そうですね。ほかの人がどう言おうと、思ったことに対してはタフに、だけどソフトに、頑固なまでに守っていくみたいな。岡さんの話の中のクリティカルシンキングを貫いてきたのにもかかわらず、怒ったことを僕は本当に見たことがないですね。だけど、曲げないね、気が付くとぶれていない。

吉村　清水さんがおっしゃるバランス感覚というのを非常にお持ちなんだと思うんですね。ホンダ会で、建築の話なんてほとんど出ないんですよ。本当に日常的な会話をしている。相当いろんな意味での、要するに一般的な常識的な感覚をお持ちなんだ。その上に立ってバランスをとっているんだろうと。いろんな会があっても続かないというのは大先生になると、どうしても自分の発想を強引に押し付けてくる。だからみんな離れて行っちゃう。ところが、ホンダ会にみんながついて来ているというのは、やはり椎名さんの持っている非常に幅広い知識だろうと思うんですね。それもさらに言うなら、バランス感覚を持たれている。それが建築の中に生きてくるんじゃないかなと思いますね。

清水　椎名さんは政治や経済、文化などいろいろな分野に関心があって読書の幅も広いので、机の周りにはいつも面白そうな本が積みあがっています。事務所の所員にも参考になる情報のコピーが回覧されてきます。講演会やセミナーにも参加して最新の情報に常に触れていなくてはならないと積極的です。音楽会や展覧会、また食べることも大好きですね。個性的なクライアントや友人、アーティストとワインを飲みながらの会話はいつも楽しそうです。

松家　知識欲や、多方面の興味と貪欲さには追いつかないし、今でも負けています。

吉村　前回行われたホンダ会のことです。岡さんから最近自転車に凝っているとの話が出ました。何でもただの自転車でなく、二十万円もするそうで、ウェアを入れると五十万円かかるとのことでした。この話に一番興味を持たれたのが椎名先生で、自転車のメーカー名までメモされていました。先生の頭脳の若さに驚かされた気がしました。

松家　多分、最先端の情報欲は強いですし、今、世の中がどういうふうに動いているか、何を考えているかということを知りたがる人ですよね。で、きっとそれが楽しいのだと思うんですよね。だから、一流の人になれよというのは、多分そういう人たちと会っているのが好きなんでしょうね。きっと、まだまだ続くんじゃないでしょうか。それと、エリエル・サーリネン氏の写真が手元に置いてあったりして。ちょっとかわいいところもあるんですよ。

清水　とても世話好きで前向きですからね。どんどん入っていかれる（笑）。今後ともお元気でご活躍いただきたいと考えています。

二〇一二年三月六日
建築家会館（東京都渋谷区神宮前）にて収録

松屋フーズ本社
（2006年）
撮影：堀内広治

年譜

椎名政夫の軌跡とコラボレーション

年	年譜	作品	コラボレーション
1928	大阪生まれ		
1940	赤松小学校卒業		
1944	東京府立第六中学校修了		
1947	第一早稲田高等学校卒業		
1952	早稲田大学理工学部建築学科卒業 (株)村田政真建築設計事務所入社(～1957年)	[担当作品] 東京信用保証協会ビル(京橋) 北海道電力第二然別発電所(然別) 共同通信社衾町アパート(目黒) 東京都室内プール体育館(千駄ヶ谷)	※構造・設備協力設計事務所 **構造** 団設計同人 織本構造設計 ティー・アール・エー SAS構造設計 ストラクチャード・エンヴァイロンメント 州建築構造設計 構建築事務所 **設備** 総合設備計画 知久設備計画研究所 設備工学研究所 ARCシステム設計室 高槻設備設計室 総合設備研究所 第一設備研究所
1955	一級建築士		
1957	渡米　クランブルック美術大学エリエルサーリネン奨学生		
1958	クランブルック美術大学建築都市計画専攻大学院修了 JIA会員 スキッドモア・オーイングス・メリル(ニューヨーク)建築設計事務所入社(～1961年)	トロントシティーホールコンペ応募(トロント) [担当作品] ランベール銀行ブラッセル本店(ブラッセル) チェース・マンハッタン銀行(ニューヨーク) ファースト・シティ・ナショナル銀行(ヒューストン) ウースター・スクエアー小学校(コネチカット) IBM東部本社(ニューヨーク) ニューオリエントエキスプレス紐育支店(ニューヨーク) 日本興業銀行紐育支店(ニューヨーク) 日興証券紐育支店(ニューヨーク) 日本航空紐育ブロードウェイ営業所(ニューヨーク) 富士銀行紐育支店(ニューヨーク)	
1961	コンクリン・ロサント建築設計事務所(～1962年)	[担当作品] フォード財団　カルカッタ再開発計画住宅(カルカッタ) レストンニュータウン開発計画マスタープラン(ヴァージニア)	
1963	1級建築士事務所登録(品川区小山)	末日聖徒イエス・キリスト教会　極東伝道本部(麻布) 末日聖徒イエス・キリスト教会　南支部(南千束)	
1964		遠山邸(青山マンション)(青山)	大和勝太郎[インテリア]／安東早苗[テキスタイル]

年	作品	協力
1965	山田邸（横浜） 赤坂溜池ビル"O"計画（赤坂） 末日聖徒イエス・キリスト教会　横浜支部（横浜） 宗教法人宇宙の宮増改築計画（箕面） 牛島邸（夙川） 鮎川邸（世田谷）	
1966	東京都立新宿高校（新宿） CPCジャパン中谷記念研究所（市ヶ谷） 原邸（北千束） 平柳邸（柿の木坂）	校舎特別委員会／田中建築事務所／柳建築事務所
1967	三鷹アメリカンスクールマスタープラン（調布） 脇村邸（麻布） 後藤邸（千駄ヶ谷）	
1968	東京都立新宿高校体育館（新宿） 小汀邸（世田谷） 杉浦邸（世田谷）	
1969	経研東京電子計算センタービル（小石川） 万国博覧会モルモン館（EXPO '70） 末日聖徒イエス・キリスト教会　仙台支部（仙台） 今里邸（横浜） 伊藤邸（横浜）	
1970	東京都立新宿高校同窓会会館（新宿）	石井幹子［照明］／柳建築事務所／田中建築事務所
	末日聖徒イエス・キリスト教会　松本支部（松本） 末日聖徒イエス・キリスト教会　小樽支部（小樽） 稲宮邸・後藤邸（代々木パークサイド）（富ヶ谷） 長田邸（柿の木坂） 篠原邸（麻布）	安東早苗［プレイルームグラフィック］／徳重恵美子［カーペット］
1971	東京相和銀行溝の口支店（溝の口）	国東照幸［グラフィック］
	末日聖徒イエス・キリスト教会　札幌伝道本部（札幌） チーズボロ・ポンズ厚木工場計画（厚木） 尾上邸（世田谷） 菅原邸（品川）	

年	事項	作品	協力
1972		山口山荘（蓼科） パシフィックリース香港支店（香港） 宗教法人　宇宙の宮（箱根） 末日聖徒イエス・キリスト教会　札幌伝道本部（福岡） 山田邸（大磯）	
1973		東京相和銀行仙川支店（仙川） ワタル本社ビル（新橋） 中瀬邸（池尻）	
1974	JIA軽井沢大会でCM（コンストラクション・マネージメント）の報告	新和企業赤坂ビル（赤坂） フィリピン・ロアル地区観光開発計画（フィリピン・ロアル） 明宝初台テラスハウス（初台） 八重洲駅前合同ビル（八重洲） 東京相和銀行東銀座支店（東銀座）	石井幹子［照明］／国東照幸［タピストリー］ 石井幹子［照明］／上条デザイン事務所［グラフィック］ 粟辻 博［インテリア］／石井幹子［照明］／ 五十嵐威暢［グラフィック］
1975		末日聖徒イエス・キリスト教会　福岡伝道本部（福岡） ト部邸（世田谷）	
1976		サウジアラビア産業移動展覧会施設計画企画（サウジアラビア） ABU DHABI HOTEL 競技設計（アブダビ） 田中・中村邸（渋谷）	柳建築事務所／田中建築事務所 柳建築事務所／田中建築事務所
1977	韓国ソウル空間社訪問	立正大学学園大崎再開発計画（大崎） 富士エース・ゴルフ倶楽部（三島） 末日聖徒イエス・キリスト教会　東京ステーキ（吉祥寺）	大成建設設計部
1978	建設省住宅局報酬基準調査員会 SOMサンフランシスコ事務所訪問 事務所渋谷区神南へ移転	東京相和銀行本社（溜池） 東京相和銀行銀座支店（銀座） パシフィックリース本社（八重洲） 末日聖徒イエス・キリスト教会　ひばりが丘支部（新座）	野生司建築事務所［構造・設備］／石井幹子［照明］／ 中村錦平［レリーフ］／安田侃［彫刻］ 石井幹子［照明］／国東照幸［グラフィック］
1979	建設省　大臣1206号告示	立正大学八ヶ岳研修所（山梨） 立正大学熊谷図書館（熊谷） RESTAURANT　SILVER PALACE（ソウル） 末日聖徒イエス・キリスト教会名古屋第六伝道本部（名古屋） 末日聖徒イエス・キリスト教会名古屋支部（名古屋） 末日聖徒イエス・キリスト教会山形支部（山形） 吉田邸（世田谷）	五十嵐威暢［グラフィック］／関根伸夫［彫刻］ 韓国空間社（金寿根）

年	事項	作品	協力
1980	事務所渋谷区渋谷（青山通り）へ移転	立正大学熊谷実験棟（熊谷）	
	ハワイホテル視察	韓国文化院（池袋）	
		ANAHEIM HOTEL（カリフォルニア）	KILLINGSWORTH BRADY & ASSOCIATES ARCHITECTS
		FRIENDSHIP PALACE HOTEL（ハルツーム、スーダン）	アルプ設計室（内藤恒方）／宮脇檀建築設計事務所（宮脇檀）
		末日聖徒イエス・キリスト教会　東京神殿（広尾）	
		末日聖徒イエス・キリスト教会　旭川支部（旭川）	
		大韓民国　駐日大使公邸（南麻布）	レーモンド建築事務所／韓国空間社（金寿根）
		建築学会会館競技設計（品川）	
1981		日蓮宗熊谷学寮（熊谷）	
		立正大学熊谷研究棟（熊谷）	
		住友クレジット銀座支店（銀座）	
		東京相和銀行新宿支店（新宿）	岡村設計事務所
		ホンダ八重洲ビル（八重洲）	
		テクノベンチャー（千代田区）	
		富士エース・ロッジ（三島）	
		末日聖徒イエス・キリスト教会　東京北伝道本部（西落合）	
		末日聖徒イエス・キリスト教会　千葉支部（稲毛）	
		末日聖徒イエス・キリスト教会　横浜ステーキセンター（町田）	
1982		水上山荘（山中湖）	
		豊田邸（渋谷）	
1983		立正大学短期大学部教室棟（熊谷）	
		群馬日産ビル（前橋）	
		ホンダ技研工業ホンダ館（鈴鹿）	丹青社
		三星電子工業　水原工場（韓国・水原）	
		韓国アジア選手権選手村国際競技設計（ソウル）	アルプ設計室（内藤恒方）
		矢田部邸（杉並）	
		石橋山荘（山中湖）	
		藤沢邸（世田谷）	
1984		東京都体育館指名競技設計（千駄ヶ谷）	松本建築設計事務所（松本裕）
		銀座入船堂　松し満　共同ビル（銀座）	
		銀座小柳ビル（銀座）	
		日蓮宗花房蓮華寺（安房鴨川）	
		駒ヶ根文化会館競技設計（長野）	

1985		吉祥 谷島邸(元麻布) 鈴鹿国際フォーラム(鈴鹿) ホンダ青山ビル(青山) ソウルオリンピック選手村国際競技設計(ソウル) 猿谷邸(品川) 椎名椎名牛島邸(品川)	石本建築事務所/間組設計部/五十嵐威暢[グラフィック] アルプ設計室(内藤恒方)
1986	イタリア、フランス視察	震旦企業大楼計画(台北市) 三井興業本社ビル(前橋) 鈴鹿サーキットホテルG棟(鈴鹿) 森田邸(目黒)	
1987	新日本建築家協会発足(会長:丹下健三) 副会長、関東甲信越支部長に就任	立正大学大崎第1期 体育館食堂棟・中学高等学校本館(品川) 東京相和銀行 野沢ビル(世田谷) 吉祥ビル増築(赤坂) 石橋邸(中落合) 長田山荘(軽井沢)	望月菊麿[レリーフ]
1988		優和本石町ビル(日本橋) ライトウエル高輪(高輪) 江尻邸(目黒)	
1989	オーストラリア視察 イタリア、フランス視察	立正大学短期大学部F館(熊谷) 築地Mビル(銀座) 亜東関係協会東京弁事処(白金台) 銀座MSビル(銀座) ディーシーカード堂島支店(大阪) ガーデニア上池台(共同住宅)(大田) 元麻布ガーデン(共同住宅)(元麻布) 森田山荘(伊豆高原) 福川山荘(軽井沢) 保志山荘(軽井沢)	KMG建築事務所
1990	JIA調査委員会委員長(〜1991年)/海外の建築家制度、資格、設計監理法人の実態調査 ハワイ視察 イタリア、フランス視察	立正大学大崎第2期 管理棟・研究棟(品川) 東京相和銀行古川橋支店監修(古川橋) 青山清水ビル(青山) 富士エース・ホテル(三島) 與五沢邸(渋谷)	ILCD北川原温

1991

JIA建築家制度調査委員として欧州視察
日本建築学会 建築教育と資格制度特別研究委員会委員
AIAワシントン大会出席
イタリア（家具、鍛鉄、ステンドグラス製作）

楜澤邸（武蔵野）
立正大学熊谷 教育研究センター（熊谷）
明宝吉祥寺計画（武蔵野市）
明宝ビル改修計画（新宿）
日新工業本社ビル（三田）
淡島ホテル（淡島）

大成建設設計部／本野千代子［インテリア・セレクションDPI］／北村脩一［インテリア］／M plus M（松本高明）［グラフィックデザイン］／津田晴美［ペンプラスインク］

1992

JIA副会長に就任（〜1995年） JIA会長：鬼頭梓
JIA建築家資格制度検討委員会委員長（〜1995年）／AIAボストン大会出席／アルカシア・ラホール会議に出席

東京女子大学キャンパス再開発マスタープラン（東京）
立正大学大崎第3期 教室棟・講堂・福利厚生ラウンジ（品川）
ディーシーカード諸戸2ビル（渋谷）
ディーシーカード本社改修（渋谷）
東京相和銀行千住支店（足立）
稲垣邸（杉並）

永田穂建築音響設計／野見山暁治、麻生秀穂［モザイク壁画］／安東早苗［緞帳］／有吉徹［レリーフ］／籔内佐斗司［ブロンズ像］／石塚明夫［彫刻］／原 健［絵画］
鹿島建設設計部

1993

AIAシカゴ大会 建築家資格についての国際シンポジウムに出席
フランス 視察

青山第二和田ビル（青山）
三井興業大宮ビル（大宮）
新光人寿大楼設計協力（台北市）
東北歴史博物館プロポーザル（多賀城）
花島邸（三島）

KMG建築事務所／ARX建築研究所（松家克）

1994

AIAロスアンジェルス大会出席

立正大学熊谷保存書庫（熊谷）
経済倶楽部山荘（山中湖）
中野邸（立川）

1995

事務所渋谷区恵比寿へ移転
AIAアトランタ大会出席

埼玉県立看護福祉大学プロポーザル（越谷市）
銀座東ビル（銀座）
日蓮宗清澄寺研修会館プロポーザル（清澄山）
山形村山村文化交流センタープロポーザル（岩手）
前橋邸（練馬）

1996

UIAバルセロナ大会出席／建築家実務のプロフェッショナリズムに関するUIA基準承認
JIA資格制度推進分科会 委員長
AIAミネアポリス大会出席

富士エース・フラワーガーデン企画（静岡県長泉町）
石橋湛山記念財団保存庫（新宿区）
東京国際フォーラム［設計監理協力］（千代田）
吉越邸（港区）
ハタノ住宅（世田谷）

RAFAEL VINOLY ARCHITECTS PC

1997	AIAニューオリンズ大会出席 建築技術教育普及センター主催　建築設計資格制度の国際相互認証　フレームワーク検討調査に参加（〜1998年）／JIA建築資格制度（素案）提案	瓦葺邸（杉並区）	
1998	AIAサンフランシスコ大会出席　AIA名誉会員に	松屋フーズ店舗（関東関西） 新宿明宝ビル改修工事［コンサルタント］（新宿区） THKメンシンハウス（品川区） ゾノ社宅（鹿児島県）	 環境システム設計
1999	UIA北京大会出席	和泉短期大学体育館指名競技設計（相模原） 松屋フーズ店舗（関東関西） カレーショップC&C（東京） 飯田邸（港区）	 大橋デザイン［グラフィック］ 大橋デザイン［グラフィック］
2000	AIAフィラデルフィア大会出席	松屋フーズ店舗（関東関西） REI東京フラッグシップストア［設計監理協力］（南町田） C&C新線新宿店（新宿） 名倉邸（渋谷区神山町） タモリ事務所増築（目黒）	 MITHUN PARTNERS INC.
2001		松屋フーズ店舗 カレーショップC&C 仙川駅前ビル（仙川） 逗子R邸（逗子） 日新工業本社ビル改修（三田） 第5スカイビル増築工事（千駄ヶ谷） 一番町マナーハウス（千代田区） 佐藤邸（東玉川マンション）（世田谷）	
2002	UIAベルリン大会出席	松屋フーズ店舗（関東関西） カレーショップC&C（東京） ガーデンパレス井の頭（吉祥寺） 神谷邸（目黒）	
2003	イタリア　視察	松屋フーズ店舗 我孫子ゴルフ倶楽部増改築（我孫子）	
2004	AIAシカゴ大会出席	クラーク学園和泉短期大学体育館（相模原）	

年	事項	作品	協働
		松屋フーズ店舗	
		多摩市医師会（多摩）	
		フレンシア麻布十番ノース［共同住宅］（麻布）	
2005	JIA支部建築家認定評議会議長（〜2008年）	順天堂大学医学部附属練馬病院（練馬）	清水建設設計部／吉武研司［レリーフ］／原健［壁画］
		フレンシア麻布十番サウス［共同住宅］（麻布）	
		美原邸（新宿）	
2006		松屋フーズ店舗	
		松屋フーズ新本社ビル（武蔵野）	松田平田設計
		kiyosumi h+［共同住宅］（江東）	
		タキミハウス西早稲田［共同住宅］（新宿）	
2007	JIA名誉会員選考委員会委員長（〜2009年）	新富2丁目計画［共同住宅］（中央）	
	韓国KIA大会に出席　韓国建築家協会名誉会員に	プリンセスガーデンホテル改修（目黒）	
	イタリア　ローマ（安田侃彫刻エキジビション）	萩中イースト［共同住宅］（大田）	
		人形町イースト［共同住宅］（中央）	
		椎名山荘（山中湖）	
2008		S計画プロポーザル［企画設計協力］（品川）	現代建築研究所
		日蓮宗宗立学寮（杉並）	
		東京国際フォーラム中長期　修繕計画［設計協力］（千代田）	森村設計
		黒田精工工場［デザインコンサルティング］（君津）	竹中工務店設計部
		髙山邸（中野）	
2009	事務所渋谷区広尾へ移転	松屋フーズ　テラス・ヴェルト（三鷹）	松田平田設計［設備］スウェル岩崎槇作［グラフィック］
		尾山台計画［共同住宅］（世田谷）	ROGER WILLIAMS
		Dogwood南麻布［共同住宅］（港）	京王建設設計部
2010		東京国際フォーラム21年度建築改修工事［設計監理協力］（千代田）	森村設計
		順天堂大学病院　B棟実施設計［デザインコンサルティング］（文京）	日本設計／清水建設設計部／青島設計室
		岡田邸（武蔵野）	
2011		順天堂大学大学院センチュリタワー改修［デザインコンサルティング］（文京）	青島設計室／大林組設計部
		東京国際フォーラム22年度建築改修工事［設計監理協力］（千代田）	森村設計
		日蓮宗鎌倉辻説法跡隣接地計画（鎌倉）	
		伊勢崎駅前再開発美原計画（伊勢崎）	
		尾山台1丁目住宅計画A棟・B棟（世田谷）	
		吉祥寺　瓦葺邸（武蔵野）	

●椎名政夫の本棚から

書名 Book title	著者 Author	出版社 Publisher	
経済学と公共目的	J.K.ガルブレイス／久我豊雄訳	河出書房新社	1975
経済学の歴史 いま時代と思想を見直す	J.K.ガルブレイス ／都留重人解説／鈴木哲太郎訳	ダイヤモンド社	1988
満足の文化	J.K.ガルブレイス／中村達也訳	新潮社	1993
経済の本質　自然から学ぶ	ジェイン・ジェイコブズ／香西泰・植木直子訳	日本経済新聞社	2001
「窓」の思想史： 日本とヨーロッパの建築表象論	浜本隆志	筑摩書房	2011
塔の思想　ヨーロッパ文明の鍵	マグダレヴェツ・アレクサンダー／池井望訳	河出書房新社	1972
ジェイコブズ対モーゼス	アンソニー・フリント／渡邉泰彦訳	鹿島出版会	2011
江戸＝東京の下町から 生きられた記憶への旅	川田順造	岩波書店	2011
文学に於ける原風景 原っぱ、洞窟の幻想	奥野健男	集英社	1972
都市空間のなかの文学	前田愛	筑摩書房	1982
地中海　環境の役割	フェルナン・ブローデル／浜名優美訳	藤原書店	1991
都市ヴェネツィア　歴史紀行	フェルナン・ブローデル／岩崎力訳	岩波書店	1986
概論　建築とヒューマニティ 今井兼次著作集	今井兼次	中央公論美術出版	1995
一建築家の信条　前川國男	前川國男／宮内嘉久編纂	晶文社	1981
安曇野１～４部	臼井吉見	筑摩書房	1965
田中正造を追う その“生”と周辺	日向康	岩波書店	2003
コミュニティを問いなおす	広井良典	ちくま新書	2009
創造的福祉社会	広井良典	ちくま新書	2011
Art of Building Cities: City Building According to Its Artistic Fundamentals	Camillo Sitte	Hyperion Pr	1945
Burnham of Chicago: Architect and Planner	Thomas S. Hines	Oxford University Press, USA	1974
The Death and Life of Great American Cities	Jane Jacobs	Randam house	1961
The Power Broker: Robert Moses and the Fall of New York	Robert A. Caro	Knopf	1974
City: Rediscovering the Center	William H. Whyte	Doubleday	1989
Cities and the Wealth of Nations: Principles of Economic Life	Jane Jacobs	Random House Inc	1984
Eero Saarinen on His Work	Eero Saarinen and A.B. Saarinen	Yale University Press	1962
The City in History	Lewis Mumford	Harcourt Brace & World	1961
Complexity and Contradiction in Architecture	Robert Venturi	The Museum of Modern Art, New York	1960
Design of Cities	Edmund N. Bacon	Viking Press	1968
Design in America: The Cranbrook Vision, 1925-1950	N. Y. Metropolitan Museum of Art / Detroit Institute of Arts	Harry N Abrams	1984
Eliel Saarinen. Finnish-American Arhitect and Educator	Albert. Christ-Janer	University of Chicago Press	1979
Buckminster Fuller and Isamu Noguchi: Best of Friends	Shoji Sadao	5 Continents Editions	2011

●著者紹介

椎名政夫

1928年1月22日 大阪に生まれ、洗足(東京都品川区)で育つ
1952年 早稲田大学理工学部建築学科卒業
1952—57年 村田政真建築設計事務所に勤務
1957—58年 渡米、クランブルック美術大学
建築都市計画専攻大学院修了
1958—61年 スキッドモア・オーウィングス・メリル建築設計事務所(ニューヨーク)勤務
1961—62年 コンクリン・ロサント建築設計事務所(ニューヨーク)勤務
1963年1月 帰国し、東京都品川区にて
椎名政夫建築設計事務所設立、
一級建築士事務所登録
1987—88年 新日本建築家協会(JIA)副会長・関東甲信越支部長
1987—2010年 株式会社建築家会館監査役
1992—96年 新日本建築家協会(JIA)副会長

椎名政夫の本をつくる会

小倉 浩[小倉設計]
清水 富美子[椎名政夫建築設計事務所]
松家 克[ARX建築研究所]

●取材協力

株式会社淡島ホテル
学校法人立正大学学園　ほか

発刊にあたって

株式会社建築家会館は、わが国における建築家の活動拠点としての会館の建設を目指し、1961年、建築家前川國男を中心とする約180名の建築家の出資により設立された組織で、創業から半世紀が過ぎました。

主な事業として、渋谷区神宮前に建設した会館建物の維持管理、建築家賠償責任保険などの取扱い、建築家クラブの運営、そして建築家に関する書籍の出版を行うなど、建築家の活動を側面から支援しております。

多くの優れた建築家がその人生を建築にささげ、建築文化の発展に寄与してきた事実を記録として後世に伝えるとともに、広く社会に知らしめることが大切と考え、当社では「建築家会館の本」をシリーズで刊行しています。

鬼頭梓氏、大谷幸夫氏、上遠野徹氏、本間利雄氏に続き、今回は「強く、しなやかな建築家」、自由な発想で民に立脚し、クライアントを大切にする建築家、椎名政夫氏の登場です。「建築家会館の本5」として『建築家の自律　椎名政夫　対話と創造』と銘打って刊行しました。

本書の企画にあたり、さまざまな形でご支援いただいた皆様に感謝いたしますとともに、今後ともご指導ご鞭撻を賜りますようお願い申し上げます。

株式会社建築家会館
代表取締役 野生司 義光

[建築家会館の本]

建築家の自律 椎名政夫 対話と創造

2012年9月30日 初版第1刷発行

企画 株式会社建築家会館
編著者 椎名政夫+椎名政夫の本をつくる会
発行者 企業組合建築ジャーナル 中村文美
〒101-0032 東京都千代田区岩本町3-2-1
共同ビル(新岩本町)7F
TEL: 03-3861-8104 FAX: 03-3861-8205
HP: http//www.kj-web.or.jp

編集 西川直子
写真 井上 玄
装丁・カバー 奥村輝康
本文デザイン 村上 和
印刷・製本 英華印刷有限会社

定価はカバーに表示されています

ISBN 978-4-86035-084-0

萩中イースト
（2007年）
撮影：PHOTO-WORKS

洗足の家
椎名政夫スケッチ